Téléphonie et mobilité au Mali

Langaa &
African Studies Centre

Téléphonie et mobilité au Mali

Naffet Keita
en collaboration avec
Seydou Magassa, Boukary Sangare et Youssouf Ag Rhissa

Langaa Research and Publishing Common Initiative Group
PO Box 902 Mankon
Bamenda
North West Region
Cameroon
Phone +237 33 07 34 69 / 33 36 14 02
LangaaGrp@gmail.com
www.africanbookscollective.com/publishers/langaa-rpcig

African Studies Centre
P.O. Box 9555
2300 RB Leiden
The Netherlands
asc@ascleiden.nl
http//:ascleiden.nl

Couverture: Le bac de Djenné, 2014 (c'est la photographie de sa partie moteur que les touristes utilisent pour placader les autocollants)
Photo : Naffet Keita

ISBN 9956-792-85-3

Table des matières

Tableaux

Photos

Résumé

Le présent livre part du constat qu'avec l'avènement et la massification des NTIC et singulièrement de la téléphonie filaire et mobile en Afrique - libéralisation économique et internationalisation des échanges, nouveaux équilibres et leadership politiques -, les espaces sociaux africains et particulièrement les marchés de Bamako, ainsi que des régions du centre et du nord du Mali, ont été soumis à des tensions et des recompositions importantes. Celles-ci sont sociale, économique, politique et culturelle et se traduisent entre autres par l'accroissement des faits de mobilité et de leur importance en termes de déplacements tant à l'interne qu'à l'externe du pays (migrants et déplacés, etc.). Ces recompositions permettent, en outre, de proposer de nouvelles interprétations de concepts tels que mobilité, marginalité, etc., et de considérer l'avènement de nouvelles figures d'hommes d'affaires, d'entrepreneurs, de commerçants et la modification des routes commerciales. Or ces mobilités produisent des territoires originaux, supports de circulations et d'échanges divers qui ne peuvent être compris dans le cadre exclusif d'une société locale. C'est dire que l'évolution des valeurs et des modes de vie est déterminante pour tous ceux qui s'intéressent aux comportements des travailleurs, des consommateurs, des citoyens et partant aux changements dans les organisations et les structures sociales. En clair, ces évolutions sont indicatives des relations sociales, et des rapports avec l'espace et le temps.

Le choix de ces sites est représentatif de différentes échelles : des liens, des réseaux, des territoires à l'échelle du Sahel et du Sahara, mais aussi à celle du territoire enfermé à l'intérieur de frontières nationales, et enfin à la mesure de plus petites parties de ce territoire, comme celle du cercle de Douentza et des lisières du Sahara : la région de Kidal. Dans tous les cas, il s'est agi ici d'étudier parallèlement la structuration sociale, la nature des territoires ou des réseaux et les acteurs qui les produisent, leurs liens avec un site urbain, essentiellement avec des lieux, des institutions, des groupes d'acteurs ancrés dans ces territoires et les mouvements inscrits par l'usage et l'appropriation du téléphone.

Avant-propos

Ce livre est le fruit de plusieurs années de recherche de terrain au Mali dans le cadre du programme « Mobile Phone in Africa », coordonné par Mirjam de Bruijn, Francis Nyamnjoh et Inge Brinkman et financé par la Fondation WOTRO des Pays-Bas.

Les faits sur lesquels il se fonde ont été recueillis, au cours des recherches menées par Seydou Magassa, Boukary Sangaré et Youssouf Ag Rhissa, dans le cadre de l'élaboration de leurs mémoires de maîtrise et par nous-mêmes. Nous les remercions d'avoir osé le pari de travailler sur une thématique aussi novatrice.

Nous exprimons notre gratitude la plus profonde au Doyen Salif Berthé et au Professeur Issa N'Diaye pour avoir donné leur onction à la réalisation de ces recherches dans leur faculté (FLASH) et DER (ex-Sciences Sociales).

Nous nous devons d'associer à ces hommages nos collègues Abinon Témé, Salif Togola et Souleymane Diallo pour avoir participé à l'évaluation (la soutenance des mémoires réalisés).

Enfin, il m'est particulièrement agréable de n'avoir à rendre grâce à aucune firme de télécommunication ni institution nationale. Leur non-financement a rendu possible de mener à bien cette recherche en toute liberté et dans l'absolu dénuement de l'universitaire malien authentique.

1

Introduction générale

Les Nouvelles Technologies de l'Information et de la Communication (NTIC) ont été caractérisées au cours de la dernière décennie par des innovations et des avancées importantes. Ce fait a favorisé leur expansion et leur forte pénétration dans plusieurs pays. Plusieurs forums se sont tenus à l'échelle planétaire dans le cadre de la promotion et de la vulgarisation des NTIC. Il s'agit entre autres de la Conférence sur le savoir mondial qui s'est tenue à Kuala Lumpur en 2000, le Sommet Mondial de 2003 à Genève sur la Société de l'Information et le Sommet sur les Objectifs du Millénaire pour le Développement (OMD) au niveau de la Cible 18 qui stipule que : « *En coopération avec le secteur privé, faire en sorte que les avantages des Nouvelles Technologies de l'Information et de la Communication soient accordés à tous* ».

L'un des secteurs des NTIC qui a connu l'une des plus grandes évolutions est, sans conteste, celui de la téléphonie mobile. En effet, la téléphonie mobile enregistre une croissance remarquable en Afrique. Selon les données de l'Union Internationale des Télécommunications (UIT, 2004), le taux d'augmentation a été de plus de 13 millions de nouveaux abonnés au téléphone cellulaire, soit l'équivalent du total des abonnés au téléphone (fixe et mobile) en 1995. Ce fait corrobore la volonté d'atteindre les objectifs du millénaire ainsi formulée :

> « Les NTIC se trouvent au cœur des mécanismes qui supportent le développement humain. Elles peuvent permettre d'égaliser les chances des populations dans l'amélioration de leurs conditions de vie. Avec les

NTIC, le rêve devient réalité, l'inaccessible devient accessible et l'impossible devient possible ».

La Banque mondiale confirme ce que le PNUD avait déjà mis en exergue dans le Rapport Mondial sur le Développement Humain (RMDH 2001) en ces termes :

> « Les habitants du monde entier espèrent vivement que, grâce à ces nouvelles technologies, ils vivront en meilleure santé, avec davantage de libertés, en bénéficiant d'un niveau de connaissance plus élevé et de moyens de subsistance plus productifs ».

En Afrique, si en 1995 seuls 7 % des pays autorisaient la concurrence, ce chiffre passe à 56 % en 2002. En fait, le nombre de réseaux mobiles en Afrique est passé de 33 opérateurs en 1995 à 100 opérateurs en 2001. On recense pour la période 2002-2003 plus de 100 opérateurs de téléphonie mobile en activité sur le continent. On observe en 2004 que les 3/4 des pays africains autorisent la concurrence entre réseaux cellulaires et seuls 14 pays sur 55 n'avaient pas encore libéralisé le secteur. Parmi ceux qui ont procédé à cette libéralisation, on constate pour cette année-là qu'un pays (la RDC) compte six opérateurs, quatre pays (Bénin, Ghana, Nigeria, Tanzanie) totalisent quatre opérateurs, quatorze pays (Burkina, Burundi, Congo, Centrafrique, Côte d'Ivoire, Gabon, Guinée, Lesotho, Madagascar, Ouganda, Somalie, RSA, Zambie, Zimbabwe) trois opérateurs, et enfin vingt-et-un pays (Algérie, Angola, Botswana, Cameroun, Égypte, Gambie, Kenya, Malawi, Mali, Maroc, Maurice, Mauritanie, Mozambique, Niger, Réunion, Sénégal, Seychelles, Sierra Leone, Tchad, Togo, Tunisie), deux opérateurs.

Aujourd'hui, le Mali compte trois opérateurs[1]. Fait remarquable, les opérateurs étrangers ne sont pas les seuls présents sur le marché. A côté de ces derniers (Vodafone de Grande-Bretagne, Portugal Télécom, France Télécom, Télécom Malaysia, Celtel des Pays-Bas, etc.),

---

[1] La troisième licence vient d'être octroyée à un consortium qui avait été, préalablement, acté par Monaco Telecom (Planor-Cesse Kome). Aujourd'hui, existerait un différend entre les associés du consortium et le Vérificateur général se serait même intéressé aux conditions d'octroi dudit marché de 33 milliards de FCFA.

on trouve des opérateurs d'origine africaine (l'égyptien Orascom Telecom, les sud africains Vodacom et MTN, etc.).

Dans le contexte particulier du Mali, il est important de constater que, depuis la privatisation/libéralisation du secteur dans les années 2000, de nouveaux opérateurs de télécommunication dans le pays (Sogetel-MALITEL et Ikatel-Orange Mali) ont émergé. Aussi observe-t-on que la téléphonie mobile a amplement conquis les marchés, tant elle est présente aussi bien dans les ménages que dans les services et les localités urbaines et rurales.

L'outil est quotidiennement utilisé pour informer, communiquer, échanger sur l'environnement interne autant qu'externe. A ce sujet, il est d'ailleurs curieux de constater que même les personnes sans emploi et donc sans aucune source de revenus fiables disposent d'un portable. Et pourtant, le recours au téléphone portable n'est point gratuit. Nonobstant le fait qu'il est par ailleurs une source de dépense, les différents abonnés, quelle que soit leur source de revenu, s'obstinent à l'utiliser dès qu'il est besoin.

Dans un autre registre, on n'ignore pas les conditions de vie et le statut de pauvreté de la majorité des Maliens : eu égard au profil de pauvreté dégagé, l'incidence de la pauvreté monétaire est de 43,6% en 2010. Ce qui laisse entrevoir le paradoxe entre la situation de faiblesse du pouvoir d'achat du consommateur malien et son comportement dépensier à l'égard du téléphone portable.

Au Mali, après la connexion au réseau internet[2] c'est le tour de la téléphonie mobile[3]. Dernière nouveauté, avant que les Maliens se l'approprient, elle a été l'apanage des élites[4], les « gens d'en haut » (Dibakana, 2008 : 66). Aujourd'hui, la fulgurance de l'appropriation a été telle que le nombre d'abonnés au mobile a largement dépassé le

---

2 Lancé en 1996, le système AMPS n'a été officialisé qu'au 15 août 1997.

3 Le 26 octobre 2000, date officielle de mise en service du système GSM, bien que des lignes téléphoniques portables aient existé avant. Ce sont les fameux postes payés de la SOGETEL (nous y reviendrons).

4 Des premières lignes mobiles sans puce des années 1997 jusqu'au modèle GSM en 2000 avec puce, la souscription à un abonnement n'était pas chose facile et accessible pour le commun des Maliens avant l'arrivée sur le marché d'Ikatel.

nombre des abonnés au téléphone fixe. Ce phénomène s'est transformé en une réalité avec l'avènement d'Ikatel, devenu entre temps Orange Mali (février 2003). Le téléphone portable est désormais utilisé autant dans les villes que dans les campagnes et par presque toutes les couches socioéconomiques du pays. Toutefois, les retombées des TIC ne sont pas neutres ou indifférentes selon les individus. L'accès ou l'utilisation du téléphone portable dépend du potentiel socioéconomique et des modèles de consommation de la population. Homme-femme, nantis-moins nantis, jeunes-moins jeunes, urbains-ruraux, etc. les clients ne bénéficient pas de la même façon des avantages que procurent les TIC.

La possibilité d'accès au téléphone portable au Mali, outil technique de médiation de la communication interpersonnelle ordinaire, date de plus d'une décennie. Le déficit criant de téléphonie fixe et un besoin très fort d'outils modernes de communication ont fait « exploser » dans ce pays le marché de la téléphonie mobile, un marché solvable et en principe concurrentiel, quoique livré aux ententes oligopolistiques. Ce boom du téléphone portable bouscule les programmations bureaucratiques et les fatalismes ; il satisfait ceux des consommateurs qui ont les moyens de payer un service jusqu'ici inaccessible (José Do-Nascimento, 2005 : 173). A titre illustratif, la filiale malienne de la Sonatel (Ikatel) a fortement contribué au développement du réseau de la téléphonie mobile au Mali à hauteur de 47,6 % du chiffre d'affaires consolidé par la Sonatel en 2003. Ikatel a versé 6 milliards de FCFA de royalties en 2003 à l'État malien.

L'adaptation des opérateurs téléphoniques au profil des consommateurs a largement contribué à la diffusion du téléphone portable en Afrique. La majorité des consommateurs africains appartient au secteur informel. Or, au sein de ce secteur, le consommateur ne dispose pas des instruments de paiement habituels dans les transactions du secteur formel : chéquiers, comptes bancaires, prélèvement automatique, etc. Pour ne pas s'aliéner cette fraction majoritaire des consommateurs potentiels, les opérateurs de la téléphonie mobile ont adopté et généralisé le système de paiement par carte prépayée. Selon J.-M. Blanchard :

> « L'utilisation des cartes prépayées par opposition aux formules avec abonnement mensuel, représentant jusqu'à 90% des abonnés dans certains pays, permet une meilleure maîtrise des dépenses par l'usager et simplifie grandement pour l'opérateur la gestion de sa base clients»[5].

Selon l'UIT, le système des cartes à prépaiement est intéressant :

> « Dans des pays où les revenus sont faibles et où l'on préfère généralement tout régler d'avance. Pour les opérateurs, les services à prépaiement réduisent le risque du crédit, et pour les consommateurs qui parfois ne réunissent pas les conditions requises pour disposer d'un service d'abonnement, le service mobile devient accessible. En effet, un nombre croissant de réseaux mobiles africains sont uniquement à prépaiement, tandis qu'à l'échelle du continent, quatre abonnés sur cinq utilisent des services à prépaiement, soit près du double de la moyenne mondiale »[6].

Ainsi, engager des enquêtes et analyses sur les usages sociaux et les formes d'appropriation du téléphone portable dans des sociétés différentes et suivre l'évolution de son appropriation par celles-ci, évolution qui ne fut pas seulement technique mais culturelle, ne fut pas une tâche aisée.

La présente étude aborde cette problématique en apportant quelques éléments de réponse aux questions suivantes : Comment expliquer alors cette pénétration forte de la téléphonie mobile dans les sociétés maliennes en général et dans celles d'éleveurs pasteurs en particulier ? Comment le consommateur procède-t-il pour faire face aux dépenses de consommation en téléphone sachant que ses revenus sont modestes ? A-t-il modifié son schéma de dépenses pour s'y ajuster ? A-t-il tendance à adopter un train de vie qui le dépasse, donc à s'endetter et à s'appauvrir davantage ? Bénéficie-t-il souvent de l'aide de parents ou d'amis proches pour faire face aux dépenses de communication ou bien y a-t-il des raisons sous-jacentes pour comprendre ce paradoxe ? Au-delà de ces interrogations, l'avènement du téléphone

---

5 Rapport UIT (2004 : 12 & 14).

6 Jose Do-Nascimento, « Le développement du téléphone portable en Afrique ». In: *Les télécommunications, entre bien public et marchandise*, Djibali Benamrane, Bruno Jaffré et Francois-Xavier Verschave (dir.), Paris : Ed. Charles Léopold Mayer, 2005 : 180.

portable a-t-il été accompagné d'une amélioration des conditions de vie et de travail de certains intervenants du marché au Mali ?

Ce travail consistant à faire l'état des lieux d'une révolution invisible préalable à la visibilité soudaine du téléphone portable dans l'espace public s'appuie sur les éléments suivants : processus de diffusion dans la société, développement, mobilité, changement social en termes de hiérarchie et de statuts sociaux, autochtonie et allochtonie, alternative au « traditionnel » face-à-face, représentations sociales, normes et tactiques d'usage, etc. Nous avons considéré l'histoire du téléphone portable dans la longue durée en premier lieu.

Dans un second lieu, l'étude a abordé les questions ci-après : quels sont les constats positifs depuis l'instauration de la téléphonie mobile sur l'économie et le social, en termes d'amélioration des conditions de vie de la population ou de lutte contre la pauvreté des familles ? Le téléphone portable a-t-il permis aux individus d'améliorer leurs activités économiques par le biais d'une meilleure communication, d'un gain de temps, de possibilités de négociations de contrat ?

Par ailleurs, au-delà de la recherche des facteurs explicatifs du paradoxe annoncé plus haut, l'étude a rendu compte de l'impact de l'utilisation de la téléphonie cellulaire sur la mobilité sociale et particulièrement chez des populations qui pratiquent encore le pastoralisme. Notre réflexion souligne que la multiplicité des situations de communication dans les espaces parcourus - pour éviter les généralités et les lieux communs - et l'analyse a porté surtout sur la signification des différents modes d'usage et d'appropriation de la téléphonie mobile, en termes d'organisation des espaces parcourus par les éleveurs pasteurs, de connaissance et de reconnaissance des identités des acteurs qui les composent. C'est ce qui conditionne en définitive les règles sociales de la communication et les modalités techniques de circulation de l'information dans ces espaces considérés comme « marginaux ».

Quant à la fourniture des biens et des services publics aujourd'hui, c'est là où se pose la question cruciale du rapport avec le bien public et des logiques qui les instituent, non seulement dans l'espace saharo-sahélien, mais aussi dans les centres urbains en mutation. N'oublions pas que ces espaces sociaux visités n'ont pas une tradition « d'usage » des techniques modernes de communication, qui aurait pu leur inspirer aujourd'hui d'éventuelles prises de position par rapport aux offres de service public ou aux revendications en la matière. Les techniques modernes de communication participent des facteurs globaux de changement social dans les espaces de forte tradition orale et de par la hiérarchisation poussée des sociétés. De ce fait, elles y déclenchent d'abord de nouveaux réflexes en termes comportementaux ! Aussi avons-nous traité justement des réactions et des comportements des sociétés de tradition orale, qui ont commencé à entrer dans les systèmes de communication modernes, en évoquant le cas de l'écriture.

Enfin, nous avons analysé une situation concrète : les dynamiques d'appropriation de la téléphonie mobile par les ruraux et les pasteurs éleveurs. Nous nous sommes aussi intéressés au téléphone satellitaire en milieu rural, bien public certes, mais dont l'accès reste difficile et réservé à quelques privilégiés.

Ces différentes considérations sur la communication dans les espaces ruraux inspirent des questionnements : d'une part, comment caractériser aujourd'hui les milieux ruraux maliens en matière de communication et d'appropriation des NTIC ? Dans quelle posture se trouvent-ils, entre des systèmes de communication traditionnels toujours fonctionnels et des offres de services publics très maigres, mais qui bouleversent tout de même les habitudes de vie, voire toute l'organisation socioculturelle ? D'autre part, quelle forme de gestion de la téléphonie les populations pourraient-elles adopter ?

Autant d'interrogations qui impliquent l'accès au téléphone portable, les usages sociaux qu'en font les populations et la question de leur durabilité. Aujourd'hui, les offres de services publics en la matière restent dérisoires, tandis que les demandes locales se font de plus en plus précises. Il n'y a rien d'acquis dans les milieux ruraux par rapport à la téléphonie. Tout reste à faire et pratiquement en même temps.

Cette archéologie ne couvre pas tout le Mali, elle s'est intéressée davantage à des contextes sociaux différents (villes, communes et milieux de vie d'éleveurs pasteurs) pour montrer les spécificités à travers les réseaux sociaux et commerciaux (intérieur et extérieur) qui structurent l'univers de la téléphonie mobile. Ainsi, le cas de Bamako, la capitale politique et économique du Mali, qui accueille les opérateurs de téléphone, montre-t-il que le marché de cette ville a gagné des opportunités du point de vue de la disponibilité, de l'accès, des sources d'approvisionnement et des offres de produits permettant une économie de niches dont les marges peuvent profiter. Nous partons de l'approche théorique développée par Devish qui est stipulée comme suit :

> « Les phénomènes et processus de marginalisation nous renvoient à la problématique de la marge, de la frontière, de la division. La marge rigide, se clôturant elle-même, sert surtout à diviser, séparer ou discriminer, exclure ou enfermer. La marge peut aussi se trouver transgressée de deux façons, soit qu'elle soit sujette à intrusion, à mixture ou ambiguïté, ou soit qu'elle devienne un point d'attrait, de passage ou de rencontre, voire de (ré-)émergence. C'est dire que la marge n'a pas seulement une capacité séparatrice, disjonctive : elle peut être aussi un lieu ou un principe de conjonction, de transmission et de découverte de ce qui est de l'autre côté, autrement dit un principe liminal d'ouverture, d'éveil, de passage à l'altérité » (1986 : 117).

Cette approche « par le bas » rend mieux compte des formes de mobilité instituées chez les acteurs en termes de reconversion et d'adaptation aux exigences de l'Etat de droit.

Douentza (région de Mopti), l'univers social des Peul, éleveurs pasteurs, caractérisé par une hiérarchisation sociale assez prononcée, serait en instance d'ouverture malgré des résistances identitaires, d'où une mobilité sociale en pointillé. Kidal présente un contexte dominé par la récurrence des révoltes-rébellions où les mobilités sociales se négocieraient au gré des insurrections, des actes institutionnels en vue d'accéder aux ressources étatiques. Ensuite, pour mieux suivre les formes d'appropriation du téléphone portable dans ces lieux, une histoire des techniques de communication dans une temporalité bien fixée est préalablement établie. Enfin, le présent livre est le fruit de la revue synthétique de trois mémoires de maîtrise en anthropologie soutenus à la FLASH de l'université de Bamako en 2009[7] et de nos propres recherches sur les mêmes terrains.

[7] Il s'agit des mémoires de maîtrise de Seydou Magassa, Boukary Sangaré et Youssouf Ag Rhissa soutenus sous ma direction. La thématique est celle développée dans le cadre du Programme « Mobile Phone in Africa » ; le lecteur intéressé pourra se reporter sur le lien suivant : www.mobileafricarevisited.com

2

Histoire des techniques modernes de télécommunications au Mali

Jusqu'à une période récente au Mali, les télécommunications modernes, encore appelées « communications à distance », étaient considérées comme un luxe, à ne satisfaire qu'après avoir réalisé les investissements nécessaires à l'eau, l'école, le centre de santé, l'électricité et les routes. Ceci est peut-être dû au fait qu'elles ne sont pas souvent considérées comme l'objet d'une science, mais plutôt comme de simples technologies et techniques appliquées. Cette vision est différente de certaines considérations actuelles dans nombre de pays d'Afrique qui veulent participer à la société de l'information.

Pour ces pays, les télécommunications doivent être comprises comme une composante vitale du processus d'appropriation des technologies pour un accès à la société de l'information, un complément aux autres facteurs de développement. Elles devraient être perçues comme pouvant contribuer à améliorer la productivité de l'économie (agriculture, industrie et services sociaux), et comme moyen d'accroître la qualité de vie et de rendre incontestables les processus électoraux (Couloubaly, 1998) entre autres. Ce constat résume bien l'état d'esprit qui domine dans les organismes internationaux chargés du développement, à l'exemple de la Banque mondiale et de l'Union Internationale des Télécommunications (UIT).

L'essor des technologies de télécommunication va de pair avec le développement des infrastructures ainsi qu'une jurisprudence adaptée au secteur. Pour favoriser l'appropriation des technologies de télécommunication par les populations à la base ou locales, les pays ont voté un certain nombre de lois permettant la libéralisation et la régulation de ce secteur. Parallèlement, le renforcement des anciennes infrastructures, la baisse des coûts de communication additionnés au développement de nouveaux modes de transmission des données, ont facilité la révolution dans le secteur des télécommunications. Actuellement, cette révolution peut être observée dans différents domaines tels qu'économique, sécuritaire, etc. Comment rendre compte des différents enjeux liés à l'usage et à l'appropriation de la téléphonie mobile par les Maliens ? Quel a été le chemin ayant mené au stade actuel ?

Des PTT versus OPT – TIM à la création de la SOTELMA

L'histoire des télécommunications modernes au Mali, comme d'ailleurs dans toutes les anciennes colonies françaises d'AOF, d'AEF et de Madagascar, remonte à la « Pax » coloniale avec l'érection du service radiotélégraphique administré par des structures communément appelées les Postes Télégraphiques et Téléphones (PTT).

Fin 1935 par exemple, les lignes télégraphiques et téléphoniques de la colonie du Soudan français atteignaient 10 864 km. C'était le plus étendu et le plus dense des réseaux de l'AOF car desservant 50 bureaux télégraphiques administrés par le service des PTT et 39 gares de chemins de fer de Dakar au Niger :

> « Les appuis placés entre Koulikoro et Ambidédi portent les lignes des deux services (PTT et chemin de fer). La situation géographique du service télégraphique du Soudan lui confère un rôle de premier plan. La caractéristique principale du service local des PTT est qu'il constitue un Office de Transit Télégraphique. Toute suppression d'un bureau, relais dans l'entretien des conducteurs aurait pour conséquence de créer une coupure au centre du réseau de l'AOF où le Sénégal, la Côte d'Ivoire, le Dahomey seraient isolés »[1]

1 Archives Nationales du Mali, 1.J. 2068 : Considérations sur les conditions d'utilisation du réseau télégraphique de la colonie du Soudan français au cours de l'année 1935, p. 69 (consulté le 11/06/2009).

Au-delà de cette centralité de la place forte des PTT de l'empire colonial dans le Soudan français, le territoire a été couvert de manière séquentielle en rapport avec les points d'entrée de la conquête en passant par la pacification des territoires ainsi encadrés. A titre illustratif, Kayes a été connecté au réseau télégraphique entre 1900-1901 ; Bamako et Koulouba en 1910 ; Koulikoro en 1914 ; Kati en 1916 ; Mopti en 1926 ; Markala, Ségou et Tombouctou en 1932 ; Diré en 1934 ; Macina, Djenné, Bandiagara, Douentza, Hombori, Goundam, Ansongo, Sikasso, Koutiala, etc. en 1935.

Le maillage du territoire du Soudan français par la ligne du chemin de fer Dakar – Niger et les réseaux télégraphiques participe d'une parcellisation du territoire en termes de contrôle et de réactivité des troupes coloniales. Par exemple, le poste télégraphique de Satadougou permettait de suppléer celui de Bougouni qui reliait Kankan (Guinée), tout en renforçant celui de Labé en Guinée et Kédougou au Sénégal à partir de Bafoulabé. Le poste de Kolokani en couvrant une bonne partie du Sahel occidental desservait Ansongo à partir du relais de Mourdiah. Gao-Ansongo, prolongement de la ligne du Nord, était reliée à Sokolo.

Le développement de ces lignes continua avec des périodes de rupture selon les besoins de la puissance coloniale du moment où ces réseaux se trouvaient être gérés par deux ministères, à savoir : le ministère de la France d'Outre-mer pour les réseaux internes à chacune des trois entités (AOF, AEF, Madagascar) et le ministère des PTT pour les réseaux « internationaux » et les liaisons avec les autres continents, liaisons inter fédérations.

S'agissant du ministère des PTT, sa tutelle s'étendait sur deux systèmes de télécommunications : un réseau radioélectrique et un réseau de câbles sous-marins télégraphiques.

Le réseau radioélectrique baptisé Réseau Général Radioélectrique (RGR) dépendait de la Direction des Services Radioélectriques (DSR). Il était constitué de quatre centres : trois d'entre eux étaient localisés dans les capitales des fédérations : Dakar (AOF), Brazzaville (AEF), Tananarive (Madagascar), et un quatrième était implanté à Bamako (Soudan français) pour des raisons liées à l'histoire de la colonisation.

Le réseau fut en effet créé après la Première Guerre mondiale par le général Ferrié pour des besoins stratégiques de communications entre la métropole et ses colonies d'Afrique. Il fut par la suite transféré pour son exploitation à l'administration civile, en l'occurrence le ministère des PTT. Rappelons que le réseau Ferrié fonctionnait en ondes longues (myriamétriques) et utilisait la seule technique disponible à l'époque : celle des alternateurs HF dont les puissances s'exprimaient en centaines de kilowatts. C'est la raison pour laquelle, pendant très longtemps, ont subsisté dans les centres RGR les restes « archéologiques » des grands pylônes supports des antennes OL : brins rayonnants verticaux et nappes capacitives horizontales.

Le réseau des Câbles Sous-marins Télégraphiques fut géré par la Direction des Câbles Sous-marins jusqu'en 1952, date à laquelle cette dernière transféra l'exploitation à une filiale créée à cet effet : la Compagnie France Câbles (FC).

En 1959 ce réseau formait un feston de câbles le long de la côte ouest africaine, de Dakar à Douala, avec des « escales » à Conakry, Monrovia, Grand-Bassam, Cotonou et Douala et deux extensions, Conakry-Freetown et Dakar-Recife. Vers la métropole, le prolongement au- delà de Dakar se faisait par les moyens radioélectriques du centre RGR. C'est ainsi qu'à Dakar avant 1959, coexistaient sous le régime de la « paix armée », un centre purement PTT, le RGR et un centre FC (filiale à 100% des PTT).

Fondée officiellement le 27 juin 1921[2], la FCR est au début proche des autorités gouvernementales françaises (notamment la marine de guerre) qui la chargent d'assurer les communications radioélectriques par TSF (Transmission sans fil) entre la France, ses colonies et le reste du monde. Il s'agit de ne pas laisser ces moyens de rayonnement aux mains des anglo-américains. On se méfie également des « postiers » supposés d'esprit « bolchévique ». Cette création est en fait imposée aux cadres du ministère des Postes et Télégraphes, notamment ceux issus de l'Ecole supérieure de Télégraphie. En 1921 une trêve interviendra avec les PTT, cette administration gérant le trafic colonial.

---

[2] La Compagnie Générale de TSF et ses compagnies associées, publication interne, 1927.

En fait la Compagnie générale de la télégraphie (CSF), épaulée par la Banque de Paris et des Pays-Bas, est aux commandes et veut s'assurer du trafic rentable. La connexion entre les anciens dirigeants de la CSF, de la Compagnie Radio France et le sommet de l'Etat donna une caution au projet.

L'exploitation partielle d'une importante station de radio (émission, réception, brouillage, etc.) est confiée par la Société radioélectrique ou SFR (le technicien) à la Compagnie Radio-France (l'opérateur) dont l'administrateur-directeur est fondateur de la SFR et de la marque Radiola et le directeur technique Paul Brenot, deux grands pionniers de la radio en France, collaborateurs du général Gustave Ferrié.

La connexion entre les capitaux financiers des banques et la vision militaire soutenue par les politiques a pu faire en sorte que la première pierre du centre soit posée le 9 janvier 1921. Une organisation exemplaire du chantier permettra un démarrage des émissions dès 1922. Très vite la concurrence pour le contrôle des ondes en France est vive, et déjà il est question d'influence politique et de réclame (la publicité d'alors).

En cette fin des années 1950, l'Afrique coloniale française évoluait très rapidement vers les indépendances individuelles des territoires de l'AOF, de l'AEF et de Madagascar.

La tutelle du Ministère des PTT sur ses réseaux africains devait à court terme être transférée aux nouveaux Etats en voie de fondation. Dans cette perspective, le gouvernement français décida de « privatiser » la totalité des activités africaines du ministère des PTT, décrites ci-dessus, en les filialisant au sein d'une nouvelle organisation : la Compagnie Française de Câbles Sous-marins et de Radio (FCR), créée à cet effet le 1er novembre 1959. Cette opération complexe fut, en fait, conçue et pilotée de bout en bout par la Direction des Services Radioélectriques (DSR). Par ailleurs, si l'activité de pose de câbles sous-marins a débuté en France à la fin du XIXe siècle, elle était rattachée au ministère des Postes et Télécommunications, sous la forme d'une filiale du nom de *Compagnie française des câbles sous-marins et de radio*[3].

L'outil juridiquement adéquat était ainsi mis en place pour permettre à la FCR, dans la perspective des indépendances, la poursuite des activités d'opérateur de télécommunications exercées par le ministère des PTT tout au long de la période coloniale. Encore fallait-il que, dans chaque Etat indépendant, ce projet soit accepté. Des négociations à cet effet furent donc engagées avec les gouvernements nouvellement au pouvoir sur la base générale suivante :

- FCR propose de mettre en place tous les moyens nécessaires pour créer, développer, exploiter un réseau de télécommunications internationales ;
- FCR en assume toutes les charges (investissements et frais d'exploitation) ;
- FCR est rémunérée par une quote-part sur les recettes générées par l'exploitation du trafic acheminé, le solde revenant au gouvernement.

C'est ainsi que furent signées, entre 1959 et 1965, des conventions avec de nombreux Etats entre lesquels il convient de distinguer deux groupes :

- le groupe des États qui disposaient, dès l'époque coloniale, de systèmes de télécommunications internationales : télégraphe, téléphone (Sénégal, Mali (ex Soudan français), Congo (Brazzaville) et Madagascar ;
- le groupe des Etats qui pour leurs relations internationales devaient transiter par l'un des quatre premiers centres énumérés ci-dessus : Dakar et Bamako pour l'AOF/Togo et Brazzaville pour l'AEF/Cameroun.

---

3 En 1982, la société, qui dépend de la Direction Générale des Télécommunications via une nouvelle holding, COGECOM, chargée de rationaliser la gestion des filiales de droit privé du ministère, est rebaptisée « France Câbles Radio ». France Télécoms Marine est créée en 1999, juste avant le rachat l'année suivante de Orange par France Télécom. FT Marine est affichée sur le site d'Orange comme la société chargée de cette activité au sein du groupe « France Télécom Orange » http://fr.wikipedia.org/wiki/France_Telecom_Marine

Pour ces pays, le fait de pouvoir désormais disposer de leurs propres centres de télécommunications internationales constitua une amélioration considérable par rapport à la situation antérieure.

Dans le cas du Mali, en accédant à l'indépendance dans un contexte d'opposition larvée à la puissance colonisatrice, les gouvernants ont vite procédé à l'africanisation des cadres et à la nationalisation des services publics. C'est dans ce cadre que la création de l'Office des Postes et Télécommunications (OPT) advint, le 29 novembre 1960[4]. L'OPT avait pour tâche de gérer les télécommunications nationales et les services postaux.

En janvier 1965, le gouvernement du Mali et France Câble Radio (FCR) constituèrent les Télécommunications Internationales du Mali (TIM) avec 65% pour le Mali et 35% pour la FCR.

Au Mali, l'évolution du secteur des télécommunications modernes est en partie redevable aux restructurations qu'a connues France Télécom, dont l'ancêtre est la FCR. Même devenant indépendant, le Mali maintiendra les « liens ». A rappeler qu'en France par exemple, un grand plan de télécommunications appelé « plan câble » fut mis en œuvre durant les années 1970, conduisant à un équipement rapide. De cette façon, ont vu le jour successivement les réseaux câblés, les installations filaires (1990), permettant à la fois la longue distance et la boucle locale.

Sans avoir eu à suivre les restructurations de France télécom du fait que les gouvernants confondirent les caisses de l'OPT-TIM avec le trésor public, ceux-ci ne pouvaient qu'acquiescer aux injonctions de la Banque mondiale et du FMI à l'encontre de toute capitalisation de l'opérateur historique pouvant lui permettre de faire face à l'ouverture du marché à la concurrence. Au même moment, on autorisait la transformation de France Télécom en société anonyme en 1996 par la loi qui permit l'instauration d'un système de licences (les licences LEX et les licences ALT) et autorisera des opérateurs alternatifs à déroger aux deux dernières compétences exclusives de France Télécom, à savoir la téléphonie vocale et les installations filaires.

---

[4] Les données relatives à l'évolution de l'OPT de sa création jusqu'à 1999 ont été consultées auprès de Baba Konaté à partir d'un document intitulé « Les réformes des télécommunications ».

Notons tout de même que France Télécom conservait des prérogatives importantes, dans la mesure où elle demeurait l'opérateur de ce qui est communément appelé le « service universel de télécommunications », considéré comme la fourniture à tous d'un service téléphonique de qualité, sur tout le territoire et à un prix abordable (un des objectifs des OMD). Ce n'est que plus tard, en 1989, qu'un programme de réhabilitation pour les services publics des Postes et Télécommunications y compris les Comptes Chèques Postaux (CCP) et la Caisse Nationale d'Epargne (CNE) a été mis sur pied dans le cadre du programme de restructuration du secteur des entreprises publiques. C'est ainsi que la loi n°89-32/P-RM du 9 octobre 1989, ratifiée par la loi n°90-018/AN-RM du 27 février 1990, a fait scinder l'Office des Postes et Télécommunications en trois entités distinctes :

- la première regroupait les Services de Télécommunications de l'ex-OPT et la Société des Télécommunications Internationales du Mali (TIM) au sein d'une Société d'Etat dénommée Société des Télécommunications du Mali (SOTELMA) ;
- la deuxième regroupait les Services Postaux au sein de l'Office National des Postes (ONP) ;
- la troisième était constituée des Chèques Postaux et de la Caisse d'Epargne sous le nom de Société des Chèques Postaux et de la Caisse d'Epargne (SCPCE).

Avec la séparation des entités exploitant les services des postes et celles exploitant les services de télécommunication, des sociétés d'Etat émergèrent dans l'exploitation des services de télécommunications ; c'est le cas de l'ONATEL au Burkina Faso, de CITELCOM en Côte d'Ivoire, de la SOTELMA au Mali et de la SONATEL au Sénégal, entre autres.

La dérégulation du secteur a commencé au Mali en 1994 par une loi fixant les principes de privatisation des entreprises publiques et l'adoption d'un document cadre (UIT, 1995). Curieusement, à cette époque, le processus de déréglementation dans les pays développés était largement entamé et commençait dans certains pays africains, mais au Mali l'accent était encore clairement mis sur le monopole des services de base, réservé à la SOTELMA ; mieux, le maintien d'un monopole public était réaffirmé comme une hypothèse acceptable et plausible (UIT, 1995).

La SOTELMA, opérateur unique, possédait ainsi un quasi monopole sur les réseaux et services des télécommunications (les services télégraphique, téléphonique, télex et la transmission de données). Mele d'en établir le panorama suivant :

> « Malgré l'arrêté 513/MTTT du 03 juillet 1972 relatif à l'agrément des installateurs privés des télécommunications, l'implication du secteur privé national était restée limitée (...). Le nombre de lignes principales au 31 décembre 1999 était de 40 165 dont 6 375 pour les abonnés cellulaires. Le nombre de cabines téléphoniques en la même période s'élevait à 1 389 (...). Bien que connaissant une certaine amélioration, la densité téléphonique reste faible (3 lignes pour 1 000 habitants en 1999). La couverture nationale reste inégale avec plus de 70% du parc de lignes installées à Bamako pour 10% de la population. La demande existante à Bamako et dans les zones rurales est importante mais les investissements paraissent insuffisants face à la croissance de la demande des différents services de télécommunications de qualité » (Mele, 2004)[5].

Ceci implique la promotion par les Etats d'un environnement concurrentiel, caractérisé par l'existence de réseaux concurrents qui utilisent des techniques différentes pour développer les infrastructures de télécommunications : d'où la nouvelle condition d'appropriation des TIC pour un accès à l'information.

Soulignons que la libéralisation de la téléphonie fixe a permis la concurrence dans ce secteur. Cette concurrence a donné naissance à une baisse considérable des coûts de communication chez les utilisateurs; le développement des installations de télécommunications internationales, et la responsabilité directe du réseau national (responsabilité à la fois privée et publique).

En matière de services, elle a facilité l'émulation, une meilleure offre de services aux utilisateurs ainsi que l'avènement des services tels que la téléphonie mobile, l'interconnexion de réseaux locaux et l'Internet. Actuellement, la téléphonie sur IP (Internet Protocole) marque l'une des avancées récentes dans les modes de connexion. D'autres avancées significatives sont également en cours en ce qui concerne le renforcement des capacités des réseaux locaux : nouvelles capacités numériques et apparition des hubs pour les systèmes VSAT.

[5] Déclaration de politique sectorielle du 28 juin 2000.

L'avènement des systèmes de numérotation directe automatique et des autocommutateurs électroniques qui assurent le trafic télex national et international, l'avènement du système de commutation des données par paquets (X25) ainsi que les communications par satellite en sont autant d'exemples.

Le secteur des télécommunications joue un rôle fondamental dans l'accélération de la mondialisation de l'économie à laquelle nous assistons depuis quelques années : c'est grâce aux infrastructures de télécommunications en fait que les informations et les transactions commerciales et financières peuvent circuler rapidement dans le monde entier. Ce secteur n'échappe pas à la vague plus ou moins généralisée de désengagement du secteur public, avec en particulier :

- la mondialisation de la fabrication des équipements, avec la fusion de groupes de constructeurs de plus en plus importants ;
- la mondialisation de l'exploitation des télécommunications, avec les acquisitions / fusions des opérateurs ;
- la mondialisation des services offerts aux clients, qui eux-mêmes sont souvent des grandes multinationales actives dans d'autres secteurs.

Dans ce cadre, certains organismes internationaux règlent directement ou indirectement le secteur des télécommunications (UIT, ABGS, BM, FMI, etc.).

En 1996, pour jouer son rôle d'opérateur historique monopolistique, la SOTELMA adopta l'implantation du système analogique AMPS (Advanced Mobile Phone Système). Mais ce système se révéla très vite obsolète et défaillant, à cause de sa vulnérabilité au piratage des appels et des interminables encombrements, et en conséquence plus de la moitié des appels n'aboutissaient pas. Pour résoudre ces problèmes techniques, il a fallu recourir à un autre système plus moderne, le réseau mobile en lieu et place du système numérique : GSM (Global System Mobile). C'est ainsi que fut créé en octobre 1999, MALITEL S.A.

Pour la création de MALITEL, la SOTELMA était l'actionnaire principal avec 56%, tandis que la SOGETEL (Société Générale des Télécommunications) détenait 44% du capital. Une négociation soutenue entre le gouvernement malien et la SOGETEL aboutissait à un accord qui permit la cession des actions privées à MALITEL S.A. et, par conséquent, sa filialisation à 100% à la SOTELMA.

Le réseau téléphonique de la SOTELMA était organisé, avant que Maroc Télécom, filiale de Vivendi, ne détienne 51% de son capital, autour de 32 centres téléphoniques.

Le réseau mobile GSM de type GSM-900 exploité par MALITEL (succursale de la SOTELMA) avait une capacité de 70 000 lignes dont 10 000 post-payées. Il couvrait Bamako et quatre capitales régionales. Ainsi la SOTELMA constitua-t-elle une société dotée de la personnalité morale et de l'autonomie financière et placée sous la tutelle du ministre de la Culture et de la Communication avec un Conseil d'administration. Avec les besoins des services et des populations, le téléphone conventionnel ne répondait plus aux besoins à cause de la lourdeur administrative et du handicap que constituait l'installation technique (déploiement du réseau), trop coûteux. En effet, cette installation nécessitait des investissements en matériels lourds (câbles, poteaux et ouvrages de génie civil) et onéreux. Or, l'accord pour un tel investissement relevait d'un choix public étatique et des PTF (partenaires techniques et financiers et principalement la Banque mondiale), toute chose qui avait été décriée par le syndicat de la SOTELMA (Syntel) à l'époque[6]. C'est dans un tel contexte qu'étaient advenues les cabines téléphoniques privées, publiques (à jetons d'abord, puis à cartes prépayées) et enfin, les télécentres privés et communautaires qui étaient tous connectés sur le réseau filaire de la SOTELMA (Keita, 2012).

Au Mali, le syndicat de la SOTELMA et CSDPTT ont contesté l'ouverture du secteur à la concurrence sans procéder à la privatisation de l'opérateur historique. Cela avait un sens très clair, à leurs yeux : il ne s'agissait pas de renforcer techniquement l'opérateur historique et le rendre le plus possible compétitif avec l'arrivée sur le marché d'autres opérateurs qu'ils savaient très forts (financièrement s'entend et de par leur capacité d'investissement).

---

[6] Cf. Antonio Mele et Youssouf Sangaré, « Les télécoms et le service public au Mali », in : www.csdptt.org/article419.html

La particularité du Mali réside dans le fait que cet ordre n'a pas été respecté : le gouvernement a procédé à l'ouverture du marché avant de terminer la privatisation de la SOTELMA. Cela a eu des répercussions lourdes sur le processus de réforme du secteur. Il est utile à ce point de préciser la différence entre la libéralisation et la privatisation, qui sont deux notions totalement distinctes mais prêtant à confusion. La libéralisation, qui peut être considérée comme synonyme d'ouverture à la concurrence, est une option de stratégie commerciale et de développement. Elle correspond à un concept économique supprimant l'exclusivité de l'exploitation des services de télécommunications par une seule entité quel que soit son statut juridique. Elle induit l'idée de concurrence entre plusieurs institutions ou entreprises étatiques, entre plusieurs sociétés privées ou entre des sociétés privées et des entreprises étatiques. La privatisation, quant à elle, consiste en un changement de statut juridique d'une entité préalablement étatique. Il peut donc y avoir privatisation sans introduction de la concurrence, ce qui pourrait avoir des conséquences négatives, car on passe d'un monopole public à un monopole privé (cas de la SONATEL au Sénégal). Il faut noter que AT&T détenait le monopole sur les télécommunications longue distance aux Etats-Unis jusqu'en 1985 tout en étant une compagnie privée, et que le but de ce que l'on a appelé le démantèlement de AT&T était de libéraliser l'exploitation des télécommunications longue distance en introduisant la concurrence entre AT&T et les autres opérateurs (privés eux aussi). Ce phénomène a été le premier pas vers la déréglementation dans les autres pays.

La dernière décennie a vu la vague de réforme du secteur des télécommunications toucher plusieurs pays de la sous-région, en deux étapes bien distinctes et dans l'ordre : première étape : la privatisation de l'opérateur historique au profit du monopole et deuxième étape : la libéralisation du secteur. La première étape a été franchie selon trois cas de figure principaux :

- privatisation sans appel d'offre au profit des opérateurs historiques des anciennes colonies : ce sont les premières privatisations, par exemple au profit de Portugal Télécom en Guinée Bissau et de France Télécom en Centrafrique ;
- privatisation avec appel d'offres : c'est l'engouement pour les opérateurs plus prometteurs, comme ceux du Sénégal et de Côte

d'Ivoire au profit de France Télécom, ceux du Ghana et d'Afrique du Sud au profit de Télécom Malaysia ;

- essais de privatisation mais pas de repreneurs : après l'éclatement de la bulle financière et la fin de l'euphorie boursière à l'égard des télécommunications et des nouvelles technologies, les opérateurs candidats au rachat n'ont plus beaucoup d'argent à investir ; c'est le cas du Cameroun et du Burkina Faso. La particularité du cas malien mérite qu'il soit traité à part.

Chacun de ces cas de figure a pu dans plus d'un pays se changer en un quatrième cas : celui des repreneurs qui ont failli à leurs engagements, comme par exemple Télécom Malaysia au Ghana ou ZTE au Niger. Sur le plan historique donc, le contexte régional des télécommunications a beaucoup évolué. Au sortir des indépendances, les services des télécommunications étaient des services administratifs des Etats. Par la suite, l'évolution technologique et les impératifs de compétitivité ont amené les Etats à concéder une certaine autonomie de gestion aux services des Postes et Télécommunications, et ce fut l'époque des Office des Postes et Télécommunications qui sont des EPIC (Etablissement Public à Caractère Industriel et Commercial).

En 2001, le vent de la libéralisation des télécommunications soufflait au Mali. Le secteur naguère placé sous la tutelle exclusive du ministère de la Communication devait connaître un changement. Cette année-là, une orientation vers la privatisation fut esquissée sous l'impulsion de la Banque mondiale et du FMI. L'État malien cédera alors une partie du capital de la SOTELMA aux salariés (10%) et au secteur privé (44%) pour ne détenir que 46 %. En outre dans le cours de la même année, plus précisément en mars 2001, le secteur est ouvert à la concurrence sans la privatisation préalable de la société.

En août 2002, la Sonatel, filiale du groupe français France Télécom, a investi avec ses fonds propres et l'aval de son actionnaire (42,33% des parts), dans la société Ikatel S.A. à un coût de 30 milliards de FCFA (47,7 millions d'euros), pour répondre à l'appel d'offres lancé par l'État

Tableau 2.1 Etat des lieux du téléphone et des types de mobile avant l'arrivée d'Ikatel (Orange Mali)

	Années					
	1997	1998	1999	2000	2001	2002
Nbre lignes fixes	24 330	27 060	34 378	40 499	50 071	50 783
Nbre d'abonnés au mobile types AMPS	2 000	4 473	6 375	6 585	6 250	5 820
Nbre d'abonnés au mobile type GSM	-	-	-	-	9 700	45 974
Nbre de localités équipées en téléphone	-	-	135	141	169	243
Densité téléphonique pour 100 habitants	0,28	0,38	0,41	0,47	0,60	0,92
Population	9 299 000	9 790 000	10 006 000	10 017 000	10 951 000	11 192 000

Source : Loïc Baron (2006 : 31).

malien. Avec un capital de 26 milliards FCFA (39,6 millions d'euros)[1], Ikatel devient alors le deuxième opérateur de GSM au Mali, une société anonyme de droit malien inscrite au registre du commerce du Mali et du crédit immobilier de Bamako sous le n° 2002-B-04-28. Cette licence porte sur l'établissement et l'exploitation de réseaux et services de télécommunications y compris des services de téléphonie fixe, des services de téléphonie cellulaire GSM, des services de transmission de données et des services de télécommunications internationales.

Le réseau mobile GSM d'Ikatel S.A., en devenant opérationnel depuis février 2003 dans le district de Bamako, couvrait onze localités dont sept capitales régionales fin mars 2004. Le nombre de lignes en GSM annoncé par Ikatel S.A. était de 315 000 en septembre 2004, ayant dépassé de très loin le nombre de lignes de MALITEL en un an et demi d'activité. C'est ainsi que le téléphone mobile qui, jadis, était un luxe au Mali et en particulier à Bamako, deviendra à un rythme vertigineux un outil de communication pour le citoyen lambda. Concernant l'évolution en termes de télédensité, le Mali n'a pas fait exception à la règle. A l'image des autres pays africains et même des pays occidentaux : « *Le téléphone était un gadget de luxe dont la consommation révélait un niveau de vie confortable et dont la technologie garantissait un temps d'avance à ceux qui voulaient être à la pointe de la mode* » (D. Mouanda, 2008 : 65).

Si le monde des TIC s'est développé au Mali en suivant les disparités spatiales et sociales préexistantes (Lancry, 2002 : 87), cette réalité qui prévalait entre 1996 et 2002, quand la SOTELMA n'avait pas de concurrent, n'est plus de mise. Car, contrairement à l'internet, aujourd'hui, le téléphone portable serait devenu un objet quasiment pour tous à Bamako. Si un tel cadre semble être le référentiel pour le Mali, qu'en est-il de l'évolution de son secteur de télécommunications modernes qu'est la téléphonie mobile ?

---

[1] David Cadasse, « Les télécoms maliens s'ouvrent à la concurrence », in : www.afrik.com/article4824.html du 9 août 2002.

L'état actuel de la téléphonie mobile

Comme mentionné ci-dessus, le secteur de la téléphonie mobile se partageait, depuis 2002, entre deux opérateurs que sont la SOTELMA-MALITEL[2] et Orange Mali[3] (ex- Ikatel S.A.) jusqu'à l'octroi d'une troisième licence à Alpha Telecom et associés. En fait, la concurrence entre les deux premiers opérateurs téléphoniques et les politiques étatiques[4] ont consacré l'accès au téléphone portable pour un plus grand nombre de Maliens. Ainsi la thèse stipulant que : « *L'intensité concurrentielle est (...) le facteur principal expliquant les degrés d'adoption des télécoms par la population* »[5] est fortement corroborée par les faits à Bamako et dans les localités couvertes par les réseaux. Et aujourd'hui, le téléphone s'est immiscé dans tous les domaines socio-économiques en fondant la « Phone culture » [6] au Mali en termes d'accès à la puce, la couverture réseau ou portée d'un signal cellulaire, les panneaux et les spots publicitaires audiovisuels, les promotions fréquentes et l'organisation récurrente de soirées ou spectacles, etc.

En ce qui concerne les données récentes, le parc mobile est essentiellement composé de clients prépayés qui représentent 99,99% du parc mobile total à la fin 2011 et leur nombre n'a cessé de croître au cours des dernières années. Ainsi, en 2011, ORANGE Mali S.A. disposait de 59,6% du parc mobile au Mali, la SOTELMA S.A. ne servant que les 40,4% restants. Aujourd'hui, le nombre d'abonnés au

---

[2] Le lundi 2 mars 2009, Maroc télécom rachète la Sotelma/Malitel pour 250 millions d'euros, soit 164 milliards de FCFA, et en détient 51% du capital.

[3] Le 30 novembre 2006, Ikatel S.A. change de nom et devient Orange Mali.

[4] Cf. « La déclaration de la politique sectorielle des télécommunications », le 27 juillet et amendée le 28 juin 2000 qui définit les orientations, les enjeux et les bénéfices attendus de la reforme. In : *Politique nationale et plan stratégique des Technologies de l'Information et de la Communication*, pp. 9-16.

[5] H. Tcheng, J.-M. Huet, & M. Komdhane, op. cit., p. 7.

[6] C'est l'expression utilisée pour montrer l'intense présence du téléphone portable dans la vie des populations ; nous l'empruntons à M. de Bruijn et al. 2008 : 66.

téléphone portable avoisine la barre symbolique de 11 millions pour une population de près de 16 millions d'habitants, avec un taux de pénétration de 69,4% et un nombre de clients identifiés de manière sommaire de plus de cinq millions du parc prépayé total. A noter que l'identification de manière complète n'est réalisée que pour 10% des abonnés à la téléphonie mobile.

Tableau 2.2 Evolution du nombre d'abonnés de la téléphonie mobile au Mali

	Fixe	Mobile	Total par abonnés	progression globale	Téledensité globale
2003	60 975	247 223	308 148	200%	2.80%
2004	65 834	406 861	472 695	53%	4,1%
2005	75 904	761 986	837 890	77%	7,2%
2006	82 521	1 505 995	1 508 516	90%	13%
2007	80 005	2 530 885	2 610 890	64%	20,8%
2008	76 544	3 438 568	3 515 112	35%	27%
2009	68 070	4 460 543	4 528 613	29%	31%
2010	80 148	7 403 576	7 483 724	65%	50%
2011	104 696	10 822 000	10 926696	69,4%	69,4%

Source : Rapport annuel 2011 de l'Autorité Malienne de Régulation des Télécommunications/TIC et Postes (AMRTP).

Le revenu global (fixe et mobile) généré par les deux opérateurs s'élève à 263,02 milliards de FCFA contre 273,41 milliards de FCFA en 2010. En matière d'investissement, les opérateurs ont consenti, en 2010, 98,2 milliards FCFA (soit 35,9% du revenu global) et en 2011, 94,843 milliards de FCFA (soit 36,1%) (AMRTP, 2011 : 14).

Photo 2.1 Siège de MALITEL au Centre commercial de Bamako en commune III, nov. 2009 (cliché Seydou Magassa).

Dans le secteur des télécommunications, les unions se multiplient entre les opérateurs, pour faire face à une concurrence accrue et s'adapter aux mutations technologiques liées au mariage du téléphone fixe et du portable, de l'Internet et de la télévision.

La fin du mouvement de consolidation qui a suivi la grande phase de libéralisation des années 1990, les mutations technologiques et la convergence entre le monde des télécommunications, des médias et de l'Internet dans une industrie à forte intensité capitalistique, où les délais de retour sur investissement sont relativement longs, conduisent cependant à redouter le risque de voir se reconstituer un marché très concentré.

Dans le contexte de l'ouverture du secteur des télécommunications à de nouveaux opérateurs et fournisseurs de services et de l'ouverture du capital de la SOTELMA, conformément à la Déclaration de Politique Sectorielle, une redéfinition des rôles et attributions des acteurs s'est imposée afin de garantir le jeu de la concurrence.

Ancienne bâtisse coloniale, qui aurait servi de siège en partie pour les Editions du Mali (EDIM) puis la Banque Of Africa (BOA), elle est repeinte aux couleurs de la société MALITEL (bleu, blanc et rouge comme celles du drapeau français), filiale mobile de la SOTELMA, toujours drapée des couleurs nationales (vert, jaune et rouge). Comme pour dire que cette société n'est « nationale » que de nom. Tout de même, la marque « *Mali téléphone* » (téléphone du Mali en langue *Banmanan kan*) continue de produire des effets chez nombre de Maliens en touchant à leur sensibilité filiale et au nationalisme, efficace dans l'imaginaire populaire.

Pour contourner ce truisme, le premier concurrent de MALITEL choisi cet autre nom plein de signification : Ikatel, produit du groupage de deux locutions verbales en *Banmanan kan* qui sous-tend la signification « *ton téléphone, le téléphone à toi* ». Contrairement au nom de MALITEL dont le sous-texte évoque une filiation nationaliste, celui d'Ikatel met l'accent sur l'individu, le consommateur qui d'ailleurs apparaît dans l'allure altière de son siège situé dans le nouveau quartier commercial de Bamako bâti sur le site de l'ancien aéroport de la ville.

Le gouvernement, ayant opté pour séparer les fonctions de réglementation et d'exploitation, a décidé de réactualiser les dispositions juridiques qui régissent les télécommunications au Mali (Ordonnance n° 99-043 du 30 septembre 1999). Il a redéfini le cadre par la loi n°01-005 du 27 février 2001, le décret n°07-143/P-RM du 23 avril 2007, l'ordonnance n°2011-024 /P-RM du 28 septembre 2011 relative aux télécommunications et aux technologies de l'information et l'ordonnance n°2011-24/P-RM portant régulation du secteur des télécommunications et des postes. À la suite de la relecture de ces textes, le Comité de Régulation des Télécommunications (CRT) a changé de statut pour devenir l'Autorité Malienne de Régulation des Télécommunications/TIC et Postes (AMRTP). En outre, un ensemble de directives a été adopté afin d'adapter la réglementation aux évolutions qui ont affecté le secteur (émergence et développement de l'Internet, des communications électroniques et de l'économie numérique). Ces différentes mesures ont été prises pour accompagner la libéralisation des télécommunications au Mali. Parmi les effets qui étaient attendus de l'ouverture à la concurrence du secteur des télécommunications figurait au premier chef la baisse des prix des différents services de téléphonie (fixe, mobile, Internet).

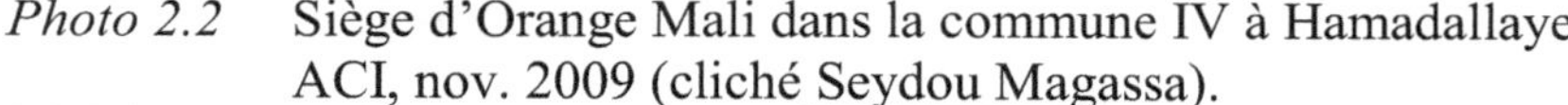

Photo 2.2 Siège d'Orange Mali dans la commune IV à Hamadallaye ACI, nov. 2009 (cliché Seydou Magassa).

L'AMRTP ne considère que le cadre juridique de ces relectures qui « consacre le rôle de la régulation ex-ante pour conduire les marchés du secteur vers la pleine concurrence et pour préparer la transition vers l'application du droit général de la concurrence ».

Les objectifs visés sont l'allégement du régime des licences et de la réglementation, le renforcement de la transparence dans l'exercice de la régulation et du rôle d'harmonisation. Par ailleurs, l'utilisation par le régulateur des outils du droit de la concurrence en concertation avec le conseil de la concurrence est clairement exprimée.

Le Mali a officiellement reconnu les nouvelles technologies de la communication comme facteur essentiel du « développement ». Comme dans presque tous les pays africains, le pays a voulu faire de l'usage des technologies de télécommunications une priorité absolue et s'engager dans la promotion des NTIC « sans crédulité excessive » en en appréhendant bien les enjeux. En 2000 par exemple, lors d'un colloque à Bamako, l'ancien président malien Konaré exprimait son désir de brancher sur le réseau les nouvelles communes issues de la décentralisation (« le projet des 701 communes »)[1].

Il y a là une collusion indéniablement entre la forte volonté politique de promouvoir le développement des réseaux de télécommunications et la demande non moins forte du côté de la population malienne. Pourtant, le déploiement des réseaux de télécommunications est loin d'être une tâche facile. Le cas du Mali est emblématique des difficultés que peut connaître un Etat avec peu de ressources et peu attractif pour les investisseurs et qui est pris entre les injonctions de l'économie mondiale et la demande sociale (les revendications de la société civile et des corporations). C'est parce que le Mali n'est pas en mesure de construire des routes pour relier les villages dans un pays aussi vaste et démuni, qu'il veut les connecter à Internet. Le projet de connexion est donc avant tout un projet politique ; il faut installer le téléphone, l'ordinateur et Internet dans chaque commune pour amener l'administration aux administrés, ce qui permettrait de décentraliser tout en gardant le contrôle sur le territoire. Il s'agit de rompre

[1] http//:Télécentre-de-Tombouctou-Mali-Centre-de-recherches-pour-le-développement-international.htm

l'isolement des zones rurales et par là de les intégrer à la nation. D'un point de vue politique, l'Etat est donc dans son rôle, il cherche à construire son territoire.

Mais quelles sont les possibilités de réussir une telle entreprise ? Selon la théorie du « saut technologique », il s'agit de brûler les étapes en adoptant les techniques les plus modernes et les pays les plus mal équipés sont justement ceux qui peuvent accomplir les progrès les plus radicaux, puisqu'ils ne sont pas embarrassés par des infrastructures désuètes qu'il faut entretenir. Avec sa télédensité (nombre de lignes téléphoniques par 100 habitant) faible et son réseau limité, le Mali serait donc paradoxalement bien placé parce qu'il cumule tous les handicaps en matière de télécommunication.

Mais alors que les infrastructures terrestres sont conçues à un niveau national, les systèmes de communication sont transfrontaliers et ils concernent l'espace et les océans, espaces dont la maîtrise échappe totalement aux pays africains. Comme quarante-trois autres pays africains, le Mali était relié au reste du monde surtout par satellite, tout récemment, l'opérateur étant le consortium Intelsat à qui il fallait payer des redevances pour la location des accès.

Pour ses liaisons extérieures, le pays était largement dépendant des opérateurs de télécommunication américains à travers qui il disposait de deux liaisons avec les Etats-Unis (2 mégabits avec l'initiative Leland par MCI et 1 mégabit avec Teleglobe), ce qui est moins que ce dont un simple abonné peut disposer dans les villes d'Europe (jusqu'à 8 mégabits pour un abonné à Paris).

Le plus grand défi pour l'Etat malien est la modernisation de ce réseau d'accès au client, de son extension au monde rural et de son interconnexion. Les évolutions technologiques permettent d'y répondre et d'échapper à une certaine aspérité de l'espace physique. Le système filaire classique, la ligne téléphonique, tend à être remplacé ou complété par des systèmes hertziens plus souples. Dans le monde rural du Mali existe une forte demande de liaisons téléphoniques surtout pour communiquer avec l'importante diaspora des travailleurs immigrés. Mais en zone d'habitat dispersé les coûts sont prohibitifs avec les techniques classiques, alors que grâce à des faisceaux hertziens ou avec des systèmes dits à boucle locale radio s'offrent des alternatives moins coûteuses. Ce système peut ouvrir une brèche dans le monopole étatique en étant mis en place par des opérateurs locaux et pris en charge par la population. C'est la technologie qui offre les plus grandes possibilités de s'affranchir des contraintes territoriales en captant directement les signaux satellitaires, mais aussi, par conséquent, le plus de possibilités de fraude, si l'on néglige le fait que l'Etat seul détient et attribue des fréquences. La dérive la plus inquiétante est le contournement des infrastructures locales.

Depuis plus d'une décennie, comme dans les autres pays de la sous-région, la voie du développement des télécommunications au Mali semble devoir passer par la réforme du secteur, encouragée par la Banque mondiale. Certains y voient une façon d'enrichir l'offre de services et de faire entrer dans le pays les capitaux importants nécessaires pour la mise à jour technique des équipements et la desserte d'une plus grande partie du territoire ; d'autres y voient la fin du service public et donc le début d'une époque où les zones les plus développées jouiront de services de plus en plus performants, alors que les zones mal desservies aujourd'hui le seront encore plus dans le futur.

Malgré les avis contraires exprimés par certains observateurs tels CSDPTT, le processus semble irréversible et met à jour les implications que certains choix stratégiques du passé ont sur la situation d'aujourd'hui.

3

Marché de la téléphonie mobile : Des niches ou des bulles !

« Avec plus de 674 millions de téléphones portables vendus dans le monde en 2004 (contre 91 millions d'unités en 1999) et un chiffre d'affaire de 91 milliards de dollars pour l'année 2005, la téléphonie mobile fait partie des marchés les plus prometteurs de ce début de siècle. Depuis la production et l'extraction de matières premières, jusqu'au service clientèle des opérateurs, en passant par la fabrication des équipements, tous les secteurs de l'économie sont embarqués dans cette réussite. Cette multiplicité fait qu'il est à l'heure actuelle difficile d'évaluer le nombre d'emplois qui en dépendent, plus ou moins directement, à travers la planète »[1].

Étudier l'usage ou l'appropriation d'une technique impose de distinguer deux niveaux d'usage, celui des professionnels, en l'occurrence, de l'information et de la communication, et au-delà celui de la création d'une multitude d'usages dans toute la largeur du spectre social (professionnels, académiques, culturels ou grand public). La notion de systèmes techniques, empruntée aux historiens des techniques, constitue un concept opératoire adéquat pour comprendre les générations techniques successives participant d'une telle culture, et nombre de mécanismes de l'appropriation des technologies.

Les développements récents dans le domaine des Nouvelles Technologies de l'Information et de la Communication (NTIC) ont impulsé, pour ce qui est de la communication sociale, des processus d'adaptabilité subséquents dans presque tous les pays du monde. L'une des premières conséquences a été la multiplication, la dissémination et l'appropriation du téléphone portable dans les pays considé-

---

[1] « Téléphonie mobile. »Microsoft® Encarta® 2009 [DVD]. Microsoft Corporation, 2008. http//:www. Microsoft® Encarta® 2009.

rés jusque-là comme les plus pauvres de la planète. Les NTIC ont été introduites en Afrique subsaharienne dans un contexte social et économique particulier. Ce contexte peut être résumé en trois aspects majeurs. Le premier est caractérisé par la pauvreté monétaire généralisée, largement induite par des économies fragilisées et par les programmes d'ajustement structurel aggravés par une détérioration de l'état sanitaire général (l'accroissement du paludisme, du Sida et du VIH) et par les guerres civiles. Toutes choses qui laissent à penser que les NTIC ne sont pas à la portée du plus grand nombre[2].

Le second concerne l'état des infrastructures. En effet, il est commun de dire que l'Afrique noire est un continent sous-équipé ; ce qui est largement le cas en matière d'infrastructures électriques et téléphoniques indispensables au bon fonctionnement des NTIC. Alors qu'en Occident, par exemple, elles ont été introduites de façon progressive, proportionnellement aux avancées technologiques. N'est-il pas courant de rencontrer, en Afrique, des propriétaires de téléphone portable n'ayant pas à leur domicile de source d'électricité nécessaire à la recharge de la batterie ?

Enfin, il y a le problème des pratiques. Si en Occident, ces technologies se sont installées de façon graduelle dans les pratiques sociales (chez la plupart des utilisateurs, l'usage a souvent été précédé par celui du fixe – pour le téléphone portable – ou d'un ordinateur, voire d'une machine à écrire ou du minitel – pour internet) ; en Afrique noire, il est également courant de rencontrer des propriétaires de téléphone portable ne s'étant jamais servi d'internet, n'ayant jamais eu de contact avec un ordinateur, voire avec un clavier de machine à écrire.

En somme, les NTIC sont arrivées en Afrique dans une sorte de « milieu non préparé » à les accueillir ; donc un milieu où elles n'avaient pas de grandes chances de se développer, avec des appréhensions plus que particulières (Dibakana Mouanda, 2008 : 62-63).

Le Mali, à l'instar des autres pays d'Afrique, n'est pas resté en marge de l'explosion du téléphone portable. De son avènement au début des décennies 2000 à nos jours, le pays a connu un progrès

---

[2] Par exemple, les premiers téléphones portables de bas de gamme ne coûtent pas moins du double d'un salaire moyen et un ordinateur pas moins de son quadruple.

substantiel en matière de télécommunication avec les deux sociétés de télécommunication existantes (SOTELMA-MALITEL et Orange Mali) qui ont, en moyenne, plus de dix millions de puces actives pour une population de plus de 15 millions d'habitants, donc de consommateurs, d'utilisateurs et d'usagers de la téléphonie mobile.

Présentation des sites couverts

Les paragraphes suivants procèdent à une description des marchés de la téléphonie mobile à Bamako, dans les cercles de Douentza et de Kidal. En outre, ils traitent des acteurs évoluant dans le marché et de leur interconnexion, et enfin, des créneaux en termes d'emploi et de leur avenir proche.

« Centralité » et connectivité du marché bamakois à certaines places fortes

Bamako est subdivisée en six communes urbaines, constituées par pas moins de 70 quartiers, et situées de part et d'autre du fleuve Niger qui traverse l'agglomération d'est en ouest. Le district couvre une superficie de 267 km^2 et ne comprend presque plus de terres cultivables, tellement l'urbanisation est forte, bien que bénéficiant d'une bonne pluviométrie. La ville ressent de plus en plus l'avancée du désert à travers la dégradation continue des forêts qui l'entouraient et qui lui servaient de protection naturelle contre les vents de poussière et de l'harmattan.

Le district de Bamako, en juillet 2009, comportait une population de 1 809 106 habitants répartis dans 288 176 ménages, et constituée de 908 895 hommes et de 900 211 femmes, soit 101 hommes pour 100 femmes. La plus grande agglomération du pays, Bamako comprend jusqu'à 12,46% de la population totale avec 6 776 h/km^2. Elle a un taux de masculinité de 50,2% contre 49,6% sur l'étendue du territoire national et un taux d'accroissement annuel moyen de 5,4% constaté à partir de 1998 avec une population de 1 016 296 habitants en juillet 2009 contre 3,6% pour tout le pays[3]. Par ailleurs, la ville renvoie à un « melting-pot » constitué de tous les groupes ethniques du pays et d'un nombre assez important d'étrangers. Etant la capitale écono-

[3] *Annuaire statistique du district de Bamako*, op. cit.

mique et politique du pays, Bamako paraît englober l'essentiel des infrastructures et cela n'est pas sans influencer l'imaginaire chez les populations dites rurales confrontées à des crises alimentaires structurelles et des sécheresses récurrentes. En dehors du français, langue officielle, la langue nationale est le « *bamanan kan* ».

L'économie bamakoise repose sur une multitude d'occupations employant des personnes dans tous les secteurs d'activité (primaire, secondaire et tertiaire). Ainsi, les revenus des résidents proviennent de diverses sources tirées du salariat public et privé, de l'artisanat, du commerce, de l'agriculture et de l'élevage.

Les activités agricoles sont fortement dominées par le maraîchage bien qu'on y pratique la céréaliculture et l'arboriculture. Mais, avec la forte urbanisation entraînant la raréfaction des terres cultivables, ce type d'agriculture à tendance à disparaître. L'élevage est dominé par l'aviculture.

Le district de Bamako détient la majorité des industries du pays. Il abrite 70% des personnes employées dans ce secteur. En 2007, il comptait 227 entreprises[4].

La position géographique de Bamako situe cette agglomération au carrefour de plusieurs voies de communication. En effet, l'importance des activités commerciales qui s'y déroulent ne date pas d'une période récente ; sa chambre de commerce s'y ouvrit en 1906[5]. Et aujourd'hui, vu le nombre d'habitants et donc de consommateurs, la ville exerce une attraction forte sur un grand nombre de personnes qui se dirigent vers les activités commerciales. Les activités commerciales de Bamako représentent 60 à 75% des importations et 8 à 10% des exportations totales de tout le pays.

Bamako, à l'image de bon nombre de capitales africaines au Sud du Sahara, constitue une plaque tournante. En fait, les échanges entre le district et les autres régions du pays sont très intenses. Bamako ravitaille les autres localités en denrées de première nécessité, matériaux de construction, biens d'équipement, hydrocarbures, etc. Et, en sens

---

4 Annuaire statistique du district de Bamako 2007 - Direction Régionale de la Planification de la Statistique, de l'Informatique, de l'Aménagement du Territoire et de la Population du District de Bamako (DRPSIAP).

5 http:/www.mairiebamako.africa-web.org/economie.htm.

inverse, des produits comme le riz cultivé dans l'office du Niger y sont importés. De plus, elle entretient des échanges avec tous les pays limitrophes et d'autres parties du monde directement ou indirectement.

A Bamako, c'est au centre commercial ou « *Sougou ba* » (le grand marché en *bamanan kan*) que siègent les plus grandes maisons de commerce du pays. C'est également le lieu où se donnent rendez-vous nombre de bamakois pour sceller plusieurs types d'échanges commerciaux. Il est l'équivalent de *Makola* pour les ghanéens d'Accra, de *Sandaga* pour les dakarois et d'*Alaba* pour les gens de Lagos.

Avec l'avènement de la téléphonie mobile, il n'a pas été dérogé à la règle. Les nouveaux produits de la téléphonie ont été vite appropriés et incorporés dans ce marché, comme n'importe lequel des produits à offrir, et cela, avec des fortunes diverses pour les commerçants qui ont voulu explorer le créneau. C'est ainsi que de grands et de petits commerces ont fait leur apparition dans le décor. À presque chaque coin et recoin du marché, le visiteur est confronté à de nouveaux produits relevant de la téléphonie, réels ou factices.

Certains commerces s'en sont même fait une spécialité à partir d'une reconversion totale ou partielle[6]; de même que de nouveaux commerces ont été ouverts pour l'occasion. Ainsi, dans certaines boutiques, vouées par le passé à la vente exclusive de prêt-à-porter ou d'appareils électroménagers, sont exposés désormais des objets appartenant au domaine de la téléphonie mobile.

A côté des grands commerces, on trouve aussi des kiosques ou des cantines se trouvant aux alentours du marché, principalement du côté de la bourse de « Wall Street » ou *Malitel da*, dont les tenanciers en ont fait leur chasse gardée. Il faut compter encore les charrettes stationnées ou ambulantes, avec galerie, sur laquelle sont exposés des accessoires de téléphone portable.

---

6 Au point que certaines boutiques, spécialisées à l'origine dans la vente exclusive de prêt-à-porter ou d'appareils électroménagers, ont mis à leur étalage des échantillons de téléphone mobile et proposent également à la vente des cartes de recharge.

« Wall Street » ou « Malitel da »

Dans le centre commercial, comme avec Alizé à Dakar (Chéneau-Loquay, 2001 : 5), la rue Fankélé Diarra, à proximité du siège[7] de l'opérateur historique de la téléphonie mobile au Mali, MALITEL, a vu se constituer tout autour d'elle un marché qui a vu le jour avec l'avènement du téléphone portable. En effet, tout au long de la rue, on dénombre une cinquantaine d'échoppes d'environ 1 m^2 contigües les unes aux autres ; elles sont destinées à la vente de téléphones portables d'occasion, de téléphones chinois neufs, d'accessoires ou d'autres appareils électroniques (appareils photographiques, ordinateurs, etc.) ou encore, sont, pour certaines, des échoppes de réparation ou de vente de téléphones à l'abri de parapluies. Devant celles-ci se tiennent debout des vendeurs de téléphones portables d'occasion exposés sur de petits étals de 16 cm^2 environ ; la rue grouille en outre de vendeurs ambulants - arrêtés ou mobiles, munis de téléphones d'occasion ou neufs, de cartes de recharge ou de puces et prompts à aborder le premier client ou le passant qui attarderait son regard sur un produit - de chalands et d'usagers de la voie car la rue n'est pas interdite à la circulation motorisée.

Là, tout se passe comme si chacun était prédisposé à accepter l'autre ou comme si chacun pouvait jouir comme bon lui semble du lieu, parce que n'appartenant à aucun des usagers, mais espace public tout de même. En réalité, c'est une sorte de foire, de fourmilière humaine où tout le monde cherche inlassablement à assurer son quotidien. De par sa position géographique, la rue Fankélé Diarra : « *illustre l'efficacité de systèmes et d'agents considérés comme marginaux, informels ou illégaux par rapport au concept traditionnel de l'économie classique (...)* » (Chéneau-Loquay, 2004 : 10).

7 La rue Fankélé Diarra croise l'avenue Kassé Keïta (au niveau de la station Total) à une centaine de mètres de la place de l'Indépendance, servant de passerelle entre l'ancien siège de la Bank of Africa (immeuble Sylla) et le carrefour des Jeunes, qui mène à la prison centrale de Bamako.

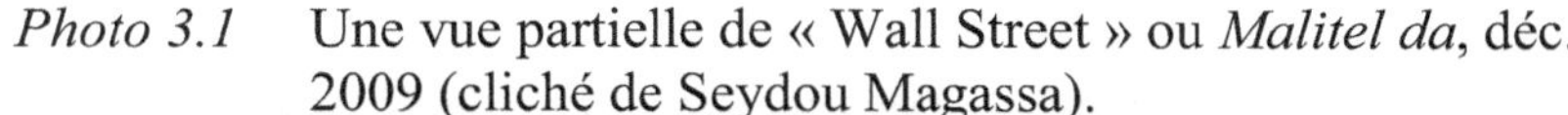

Photo 3.1 Une vue partielle de « Wall Street » ou *Malitel da*, déc. 2009 (cliché de Seydou Magassa).

Quant au profil des acteurs exerçant à « Wall Street », les figures marquantes sont des jeunes (entre 20 et 40 ans et rarement au-dessus) originaires de Bamako ou de l'intérieur du pays, lettrés ou non, diplômés dans l'attente de mieux, des expatriés ou refoulés de la France, de la Libye et des gens de la « diaspora » ou les « Ivoiro-maliens »[8], ou encore des migrants ouest-africains et même d'Afrique centrale en transit. Il faut noter que cette mosaïque de population est, en grande partie, constituée de « marginalisés », ce qui fait de « Wall Street » un « marché noir », potentiellement dangereux, où les acteurs s'adonnent à de nombreuses échanges « illicites »[9].

Au cours des différentes occasions où nous avons été présent sur les lieux, le constat a été que la majorité des usagers de la rue ne sont pas disposés à accorder un entretien quel qu'il soit. C'est alors que

---

8 Les « Ivoiro-maliens » sont des Maliens nés en Côte d'Ivoire et qui, en règle générale, n'ont appris leur identité malienne qu'avec l'éclatement de la crise vers les années 2002-2003, lorsqu'ils furent extraits et rapatriés par le gouvernement malien à l'époque.

9 C'est une rue qui est le théâtre de fréquentes descentes policières pour cause de délits.

nous avons utilisé l'entregent d'une connaissance qui y dispose d'une échoppe ; c'est auprès de celui-ci que nous avons procédé, dans un premier moment, à une observation participante passive. La démarche consistait ici à se faire passer, le plus souvent, pour un acheteur, et aussi à s'approcher d'un peu près pour écouter les marchandages et autres échanges entre vendeur et client.

Avant que les gens ne s'habituent à notre présence, à chaque fois que nous arrivions sur les lieux, muni de notre petit sac d'enquête, des gens accouraient vers nous et nous demandaient si nous désirions quelque chose ou bien si nous avions quelque chose à vendre. Ainsi, sans que l'on se soucie de la provenance des objets, tout s'y vend et tout s'achète, y compris, évidemment, des appareils électroniques.

« Wall Street », comme son nom l'indique, est un « centre d'affaires » et très souvent les gens qui s'y rendent pour d'éventuels achats sont animés de la logique « du gros risque, gros profit », c'est-à-dire que les contractants veulent avoir des objets à vil prix tout en sachant le risque qu'ils encourent. Ils sont certainement conscients du danger et c'est un « choix » opéré, car non loin de là, à une cinquantaine de mètres environ, se dressent le « Lycée technique », appellation euphémique de la maison centrale d'arrêt de Bamako et la brigade territoriale (BT) de Bamako, comme pour leur rappeler d'éventuelles conséquences de certains comportements ou actes posés.

Malitel da est réputé être le fief des *« nambaratow mogo »*[10] dans l'imaginaire populaire à Bamako. Nos observations confirment nombre d'appréhensions. En effet, il nous a été donné d'observer des situations extraordinaires ; un matin, un vendeur « ambulant » en « stationnement », comme il y en a un grand nombre dans la rue, proposa une « carte-mémoire » à un client en lui disant que sa capacité était de deux giga octet (2 Go). Quand le client l'eut achetée, et voulant davantage de garantie, lui demanda : *« Est-ce que c'est vraiment deux giga ? »,* d'un air rassurant, il lui répondit : *« c'est deux giga, allez l'essayer, si ce n'est pas ça, revenez, c'est ici ma place et je ne vais nulle part »*. Dès que l'infortuné client eut tourné le dos, le « ven-

---

[10] *« Nambaratow mogow »* est un qualificatif qu'on accole aux gens malhonnêtes, aux truands, en langue *bamanan kan*, un médium fortement usité par les Maliens.

deur » s'en alla aussitôt. En réalité, le vendeur en question n'avait pas de place fixe. Il s'était tout juste arrêté pour réaliser « l'opération ». Dans les faits, il participait de l'ubiquité qui est le propre du téléphone portable et de certains vendeurs de la rue Fankélé Diarra. Toutefois, la confiance n'est pas de mise dans un tel lieu, reconnaissent nombre d'usagers et de vendeurs.

Le long des artères principales de la ville

Après le grand marché et « Wall Street », notre expérience quotidienne de la ville en tant qu'acteur social révélait que ces lieux n'épuisent pas le champ du marché de la téléphonie mobile et des acteurs ; c'est ainsi que nous avons décidé d'écumer certains autres marchés des quartiers, le long des grands axes routiers investis par des commerces, les carrefours (« ronds-points »), bref nombre de lieux où existent des boutiques, échoppes ou kiosques offrant des produits ayant trait à la téléphonie mobile.

Parallèlement, les revendeurs d'accessoires et surtout de cartes de recharge sont omniprésents sur tous les grands axes jusque dans les ruelles. On trouve aussi des cartes de recharge à vendre dans presque toutes les « *korey boro boutiquini* »[11] en passant par les salons de coiffure, les tabliers et au niveau des comptoirs de bars et même chambres de passe.

Douentza

Douentza, à l'opposé de Bamako, est une ville moyenne à cheval entre la ruralité et l'urbanité. La commune urbaine de Douentza a été créée par la loi n°96 - 059 du 4 novembre 1996 et est composée de cinq quartiers (Douentza, Drimbe, Iwéli, Fombori et Koumbena).

Douentza est aussi un chef-lieu de cercle de la région de Mopti. Il comportait sept arrondissements qui ont été fragmentés en 15 communes dont une urbaine. Il couvre une superficie de 18 903 km² et est limité au nord-est par le cercle de Gourma Rharous, au nord-ouest par

[11] Dans presque chaque rue de Bamako, se trouvent des boutiques où sont vendus les produits courants ; les premiers tenanciers en étaient des Sonrhaï, familièrement appelés en *bamanan kan*, « *Korey boro* » et « *boutiqui* » (la boutique).

le cercle de Niafunké, à l'ouest par le cercle de Mopti, au sud-ouest par le cercle de Bandiagara et au sud par le cercle de Koro.

La population du cercle est de 148 869 habitants dont 81 903 hommes et 66 965 femmes, soit une densité moyenne de 7,9 habitants/km², ce qui représente une densité relativement importante par comparaison avec les régions du nord du Mali telle que Kidal. La ville présente une population mixte avec un plus grand pourcentage de Dogons, de Peul, de Sonrhaï et une minorité de Bambara et de Tamasheq.

La population de la commune est estimée à 21 242 habitants[12]. Douentza est le plus grand centre commercial du cercle, et l'on y trouve tous les services publics et parapublics (ONG et projets d'intervention dans différents domaines).

Le relief est caractérisé par des chaînes de montagnes (zones rocheuses) qui occupent la partie centrale ; des plaines sableuses et dunaires (*Seeno*) constituent le sol de la quasi-totalité des communes.

L'hydrographie du cercle est caractérisée par d'innombrables cours d'eau intermittents alimentés par des eaux de pluie, excepté la zone de N'Gourma qui est desservie par le fleuve Niger. Il faut aussi mentionner les nombreuses mares sur et autour desquelles les populations pratiquent la pêche, l'élevage et le maraîchage.

Le climat est de type sahélo-saharien avec une saison pluvieuse, l'hivernage, de trois mois (juillet- septembre) et une saison sèche qui s'étale sur neuf mois (d'octobre à juin). La saison sèche se divise en une période froide (novembre-février) et en période chaude (mars-juin). La moyenne annuelle des précipitations est de 400 mm.

La végétation est de type arbustif. On y rencontre surtout des épineux (acacia). Par endroit la végétation arborée et arbustive constitue des peuplements denses prenant l'allure d'une savane.

Dans la zone, Dogons, Sonrhaï et Peul pratiquent l'agriculture avec cependant une maîtrise plus prononcée chez les premiers. En plus de l'élevage, les Peul s'y adonnent parce qu'elle constitue aujourd'hui une activité d'appoint depuis les grandes sécheresses.

---

[12] RAVEC (Recensement Administratif à Vocation d'Etat Civil), 2009.

L'élevage est la deuxième activité du cercle. Cette importance est liée au fait qu'il constitue une zone d'accueil des transhumants en hivernage et concentre, dans la partie est du Delta, les meilleurs parcours et les sites les plus importants de terres salées. Le cheptel est composé de bovins, d'ovins, de caprins, d'asiniens, de camelins, d'équins et de volailles.

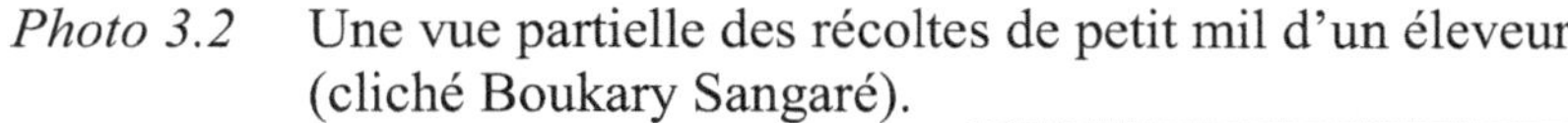

Photo 3.2 Une vue partielle des récoltes de petit mil d'un éleveur (cliché Boukary Sangaré).

L'élevage est pratiqué dans toutes les unités de production. Dans la zone, il arrive qu'on devienne propriétaire de bétail très tôt, le jour du baptême, par exemple. Ce capital de départ, variable selon le sexe de l'enfant, son ethnie et le nombre de têtes de bétail dont dispose les parents, est transmis par : héritage (des membres de l'unité familiale ou du lignage), donation (fils, cadets, épouses), achat (des membres de l'unité de production), dot (épouses), etc. Si posséder du bétail est le vœu de tous les enquêtés, parce que signe de pouvoir, l'élevage est beaucoup plus l'affaire des Peul. Ces derniers ne s'adonnent à l'agriculture que par l'intermédiaire de leurs dépendants. Dans l'ensemble, ils possèdent plus de bétail que les Dogons et les Sonrhaï dont ils assurent la garde du bétail. Les bovins, les ovins et les caprins sont élevés pour la consommation/vente du lait ou des animaux même, en vue de faire face aux dépenses de la famille (achat de céréales, d'habits, financement de mariages, etc.). Quant aux équins, asiniens, camelins, ils sont élevés pour servir de monture, pour le transport ou pour puiser de l'eau de puits assez profonds.

Les animaux sont soit regroupés en un seul troupeau placé sous la garde de quelques membres des unités de production respectives, soit répartis en plusieurs troupeaux. Les animaux d'une même unité de production sont en général placés sous le contrôle de leur chef. Toutefois, ce dernier ne peut ni vendre, ni donner, ni utiliser les animaux sans au préalable en informer le propriétaire. C'est aux hommes qu'incombe le gardiennage du troupeau. Les bovins sont confiés aux adultes qui assurent aussi la traite ou les transactions commerciales. Le petit bétail est en général confié aux adolescents.

Aussi, il y a lieu de distinguer les transhumants originaires du cercle et ceux du *burgu* (Delta intérieur du Niger). *Pour les transhumants originaires du cercle, le cycle de nomadisation est orienté vers* les bourgoutières du delta central du Niger. Ainsi, les animaux séjournent dans le cercle en hivernage et descendent dans le *burgu* à la fin des récoltes. Il s'agit là d'un mouvement de balancement entre les pâturages inondés des cuvettes du delta et du Niger. Un autre mouvement sud-nord cible les terres salées du Drougama, il est surtout observé par les éleveurs des communes du Gandamia et de Hombori.

Pour ce qui est des t*ranshumants du delta,* ils remontent dans la zone dès les premières pluies entre mai et juin et amorcent le retour entre septembre et octobre en fonction de la date des récoltes. Ces éleveurs sont originaires du cercle de Mopti pour la grande majorité.

Le cercle est couvert par les deux réseaux de téléphonie mobile depuis l'année 2006. De cette date à nos jours, l'outil « magique » n'a cessé de façonner les modes de vie des populations.

Le Haïré

Le Haïré est issu de la reconduction de l'ancien canton et l'arrondissement de Boni en commune rurale située à 98 km de Douentza. La commune est limitée au nord par le cercle de Rharous, la commune rurale d'Inadiatafane ; au sud par les communes de Dinangourou et de Mondoro ; à l'est par la commune de Hombori ; à l'ouest par les communes de Dalla et de Gandamia. La commune présente le même biotope que Douentza avec la seule particularité qu'une chaîne de collines traverse la commune d'est en ouest (*Haïré*). Le reste est dunaire (*Seeno*). Elle ne comporte ni de fleuve, ni de rivière malgré des estimations importantes en matière d'eaux souterraines.

Cette commune, en plus du système de RAC qui existe dans les services administratifs de l'Etat, a été connectée au réseau de téléphonie mobile (Orange-Mali) en 2007. Sur une superficie de 5 150 km, la commune du *Haïré* comptait 20 904 habitants au dernier RACE[13] de 2001. Si la population est composée principalement de Peul, sa répartition est inégale entre les villages. L'exode-migration des jeunes est perceptible, après les récoltes ; ils se déplacent vers les centres urbains de l'intérieur du pays (Mopti, San et Bamako) ou même de l'extérieur (Guinée Bissau, RCI, etc.) pour y exercer des activités relevant du commerce ou comme berger.

Les activités principales du hameau sont l'élevage, l'agriculture et le commerce. L'élevage demeure l'activité principale et génèrerait environ 85% des revenus familiaux. Le commerce est dominé par les Arabes, les Tamasheq et les *Rimaybe*[14]. Ces derniers tiendraient l'essentiel du marché de la téléphonie mobile[15].

Serma

Officiellement, *Serma* est un hameau, où n'existe aucune infrastructure socio-éducative et sanitaire ni a fortiori un échelon administratif, qui relève du village de Boni et est constitué par six campements qui sont : Debere, Koyo, Wuro Bogga, Wuro Karawal, N'gouma et Tioofia. Debere en est le seul campement *rimaybe*. Il est situé à

[13] Recensement Administratif à Caractère Electoral (RACE).

[14] Rimaybe (*esclaves affranchis*) en *fulfulde*, qui ne sont plus sous la dominance de leurs anciens maîtres. Ils entreprennent pour leur propre compte des activités génératrices de revenus.

[15] Boura Bahawa Tamboura et Issa Tamboura sont les deux grands commerçants de la localité qui sont assez impliqués dans le commerce des téléphones portables, d'accessoires, de cartes de recharge, etc.

l'intersection des autres campements Peul, ce qui explique sa centralité dans le fonctionnement des villages et hameaux environnants car il sert de lieu d'accueil, de rencontre, de prière, de marché, de stockage des récoltes, etc. Serma dispose d'une mare creusée par l'ODEM (Office de Développement de l'Elevage au Mali) qui est semi-permanente ainsi qu'à Oussougou, à Goumpol et à Symbi. Pendant la saison sèche, la mare d'Oussougou fait l'objet d'une cohabitation entre le bétail, les humains et les éléphants.

Serma connaît une foire hebdomadaire qui a eu lieu chaque mercredi. Le campement ne dispose que boutiques qui ouvrent quotidiennement pendant la saison sèche et au cours de l'hivernage, les propriétaires étant autrement absorbés par les travaux champêtres. Il a deux banques de céréales, qui fonctionnent toutes les deux et sont gérées par les habitants. Le hameau est situé à 28 km de Boni, soit à 126 km de Douentza. Il est moyennement couvert par le réseau Orange à travers l'antenne installée à Boni. La communication n'est possible que par endroits bien ciblés par les usagers.

Kidal

Kidal, connu également sous l'appellation de l'*Adagh des Ifoghas,* est la plus récente des huit régions de la République du Mali de par l'ordonnance n° 91-039/P-CTSP du 8 août 1991. Elle couvre une superficie de 260 000 km², soit 27% du territoire national, pour une population estimée à 85 695 habitants[16]. Elle est limitée au nord par l'Algérie, à l'est par le Niger, au sud par la région de Gao et à l'ouest par la région de Tombouctou. C'est une région désertique et montagneuse, qui peut être décrite ainsi :

> « Massif cristallin du vieux socle saharien (de 150 000 km2 soit 57,69% de la superficie totale de la région). Le relief de l'Adagh s'apparente beaucoup à celui de l'Ahaggar, dont il semble être un prolongement au sud-ouest. Avec un sol très accidenté, les altitudes ne dépassent pas en moyenne les 600 m et le point le plus haut est à peine à 1000 m. De par sa situation sahélo-saharienne, l'Adagh reçoit des influences soudaniennes et bénéficie ainsi des pluies de mousson » (Ag Litny, 1992 :10).

---

[16] Ministère de l'administration territoriale et des collectivités locales et www.kidal.info/kidalinfo. php?page=reperes/population.

Le relief comporte un massif central bordé à l'est par le bassin du *Tamesna*, au nord par le désert du *Tanezrouft*, au sud et à l'ouest par la vallée de *Tilemsi*. Il est peuplé d'éleveurs transhumants appelés les *Kel Adagh*, littéralement ceux de l'*Adagh* ou les gens de l'*Adagh,* à ne pas confondre avec l'Adrar mauritanien, de l'Aïr et de l'Ahaggar. La population de la région est composée de *Kel Tamashaq*, de Sonrhaï, d'Arabes et de Bambara.

Compte tenu de sa situation sahélo-saharienne, les déplacements des éleveurs transhumants sont fonction du rythme des saisons et des zones d'ancrage. Ainsi, dans l'Adagh se succèdent des saisons d'inégale durée qui rythment la vie des populations.

La société *Kel Tamashaq* a été qualifiée par l'anthropologie politique comme faisant partie des sociétés segmentaires fortement hiérarchisées et composées de groupes endogames dont : les *Imouchagh ou Imajeren* qui constituaient la couche des nobles ; les *Imghad* qui renvoient aux vassaux des premiers et les *Eklan* (les esclaves et/ou leurs descendants). A ceux-ci s'ajoutent deux groupes sociaux restreints mais très influents notamment les *Ineslimen* (marabouts) et les *Inhaden* (forgerons).

En matière d'infrastructures routières,

> « La région renferme un réseau routier dense avec environ 2 500 km de pistes. Certaines datent de l'époque coloniale, la majorité de celles-ci ont été « improvisées » soit par des particuliers, soit par des commerçants, etc. Si ce réseau dense de pistes est emprunté par des chameliers, des véhicules (4x4) ou de gros porteurs, les pistes sont difficilement utilisables pendant l'hivernage et souffrent du manque d'entretien. Cela impose souvent une restriction de la circulation à l'intérieur et en direction de la région pendant la saison des pluies. Néanmoins, c'est grâce à ces pistes que la région s'approvisionne à partir des régions du Sud et de l'Algérie. C'est dire que le transport collectif est encore très modeste et dominé par des forains. Quelques particuliers desservent les trajets Kidal/Gao, Kidal/Ménaka et Kidal/Tamanrasset. Il existe deux pistes d'atterrissage pour les aéronefs dans la région : l'une à Kidal et l'autre à Tessalit. Enfin, depuis 1997, la région dispose d'un réseau de téléphone automatique et peut capter les images de la télévision » (Ag Rhissa et Marty, 1999: 3).

C'est précisément en 1996 que le cercle du même nom est connecté pour la première fois aux moyens de télécommunications modernes autre que le RAC (Réseau Administratif de Communication ou de Commandement).

Avec l'ouverture de la centrale téléphonique de la SOTELMA, la nouveauté était le téléphone filaire qui, d'ailleurs, n'a pu s'étendre à l'ensemble de la région, tellement la société était en proie à des problèmes de gestion interne et des écueils assez importants pour que la Banque mondiale et le FMI s'opposent à son programme de développement[17].

C'est huit ans après qu'Ikatel s'y installa en couvrant trois des quatre cercles que compte la région. En 2005, ce fut le tour de MALITEL de faire son entrée en ne couvrant que la seule commune urbaine de Kidal avec des systèmes VSAT (voix satellites) installés à Aguelhoc, Tessalit et Abeïbara. Selon le responsable local de la SOTELMA :

> « Les abonnés du fixe sont plus de 300 ; pour le mobile, je ne peux pas les dénombrer parce qu'on ne sait pas d'où viennent la plupart des puces vendues ici. Bon, l'internet, il y a le haut débit avec liaison spécialisée qu'on appelle LL, il y a aussi les connexions RTC qu'on ne peut pas dénombrer parce que ça se fait sur la ligne téléphonique, c'est un débit faible »[18].

Quelle que soit la présence de ces opérateurs de téléphonie, la région de Kidal n'est couverte qu'en partie par les réseaux, qui ne s'étendent en principe que dans un rayon de 30 km autour des villes où ils sont implantés mais qu'on peut également capter à des distances encore longues suivant le relief et le temps :

Avant l'arrivée de ces compagnies, les observations faites dans d'autres localités des régions du nord du pays, en plus de l'effet d'annonce du portable, ont participé à une appropriation terminologique : *asanfil* (sans fil), une sorte de « *Tamashequisation* » du sans fil, ou du moins du réseau radio qui existait dans d'autres régions (Gao et Tombouctou).

---

[17] A ce propos, voir première partie infra.

[18] Entretiens avec Mamadou Tamboura de la Société des télécommunications du Mali (Sotelma) de Kidal Nouveau quartier : 15/02/2010.

Photo 3.3 L'enseigne de l'agence de la SOTELMA à Kidal, août 2009 (cliché Naffet Keita).

Photo 3.4 Une vue panoramique de la ville de Kidal avec ses antennes relais, août 2009 (cliché Naffet Keita).

« D'après les éleveurs transhumants, ça va jusqu'à 50 à 60 km ; les gens qui sont vers Djunhan le trouvent, ceux qui vont de l'autre côté aussi à

Tassik, l'ont également. En principe le rayon normal, c'est dans les 30 km mais la zone est accidentée »[19].

« Au Sud, quand il y a eu le premier téléphone, les gens de Tombouctou l'appelaient ''essassar'' qui vient de « fil de fer », « assewalass dagh assassar » (il lui a parlé dans le fil). Le choix de cette appellation essassar renvoie au fil de transmission relié par les poteaux. Il y en avait beaucoup à l'époque entre Gao-Ansongo, Gao-Bourem, Tombouctou-Goundam et entre Goudam-Léré »[20].

Avec l'arrivée des portables, le nom le plus répandu a été *« Talfo »* dans la région de Tombouctou[21]. C'est dans un tel contexte qu'advient le téléphone portable à Kidal. A noter que l'appropriation du téléphone portable n'est devenue une réalité chez nombre de Maliens qu'avec l'avènement d'Ikatel :

> « L'arrivée dans le pays d'une société de télécommunication concurrente, Ikatel (actuel Orange Mali), qui a partagé le marché avec MALITEL, première société de téléphone portable à s'implanter sur le territoire national [...] au sens de la communication. Le mobile a entraîné une véritable mutation dans les mentalités, les comportements et les habitudes des maliens » (Tawaty, 2005 : 4).

Kidal était donc un marché vierge en matière de téléphonie mobile, bien qu'un petit noyau existât et fût plus lié au téléphone satellitaire (Thuraya). Depuis, les deux produits se jouxtent sur le marché sans se faire une réelle concurrence ; cependant, la clientèle est fonction des moyens financiers des usagers et des besoins.

Structuration des marchés

La téléphonie mobile n'a pas seulement été une innovation sur le plan de la communication, elle a entraîné une spécialisation dans l'offre au niveau du marché. C'est donc dire que les populations se sont rapidement approprié l'innovation que constitue le téléphone portable. *« L'innovation se diffuse en quelque sorte par nature et ceci quelle que soit son origine : du Nord vers le Sud, d'une région à une autre, des centres de recherche vers les paysans, d'une civilisation à une*

19 Entretiens avec Mamadou Tamboura, op. cit.

20 Entretiens avec Ambeyri Ag Rhissa, Kidal : Etambar : 15/12/2009.

21 Entretiens avec Ambeyri Ag Rhissa, op. cit

autre ... » (J.-P. Olivier de Sardan, 1995 :79). Cette innovation a lieu dans un contexte de diffusion des technologies de marque chinoise (téléphones portables doubles puces, accessoires, engins à deux roues, etc.). Ces produits inondent les marchés africains et ceux du Mali ne sont pas demeurés en reste ; ils participent à la diffusion rapide du téléphone portable à moindre coût. Certes, Gérald Gaglio de préciser :

> « Le succès du produit n'est ainsi pas le résultat d'un déterminisme technique (c'est parce que c'est efficace techniquement que ça marche commercialement) ni complètement d'un déterminisme commercial (baisse des prix, pack, répondeur gratuit, l'imaginaire mobilisé dans les publicités, etc.), il est le fait de l'appropriation des individus » (2003 : 5).

Si l'appropriation du produit - le téléphone portable - par des individus est conditionnée par le déterminisme commercial et la nécessité de la communication, c'est que le produit est à la portée des bourses moyennes et que les usagers se le procurent facilement ; de même, qu'il participe à compenser la distance physique due à un défaut d'infrastructures de transport et de moyens de communication commodes, et permet dès lors d'entrer en contact avec les siens installés dans d'autres parties du pays et à travers le monde.

Suivant les spécialisations opérées au niveau des marchés maliens, le commerce de la téléphonie est présenté par branches de spécialisation : le commerce des portables et accessoires, des cartes de recharge, le transfert des crédits, la réparation et la charge des batteries. Qui sont les acteurs qui officient dans le commerce de la téléphonie mobile ?

Alain Leplaideur définit les commerçants comme : « ceux qui gèrent un réseau en amont d'appropriation, un réseau en aval de clients et entre les deux, qui opèrent éventuellement une transformation et un transport » (1990 : 128). Dans le commerce de la téléphonie mobile, le marché de Bamako est structuré en grossistes, détaillants et intermédiaires, autour desquels se nouent de véritables réseaux d'échanges marchands et d'interactions sociales et économiques.

Dans le but de proposer une description de la structuration du marché de la téléphonie mobile et des différents acteurs qui y officient, nous nous sommes intéressés aux circuits d'importation des téléphones portables et accessoires, de distribution des cartes de recharge prépayées et de « crédit » et de leur vente. Enfin, nous avons abordé la question des interactions qui se jouent entre les différents acteurs eux-mêmes ainsi qu'entre eux et la population, les usagers du marché et de la circulation routière.

Le commerce des appareils de téléphone et accessoires

Avec l'avènement de la téléphonie mobile dans l'espace socio-économique malien, certains commerçants ont très vite saisi l'opportunité en se spécialisant dans l'importation des appareils téléphoniques. Ils sont appelés ici les grossistes. Ils évoluaient, en majorité, déjà dans l'importation d'autres produits, principalement les magnétoscopes, les téléviseurs et autres appareillages électroniques ; d'autres étaient simplement dans l'habillement ou le commerce en général. Ils avaient également en commun l'habitude de voyage en Asie et dans les Emirats. Si certains, se sont littéralement reconvertis dans la téléphonie, d'autres continuent de coupler l'ancien au nouveau. Ces grossistes, dont les commerces sont situés au centre commercial, effectuent régulièrement des voyages vers Dubaï, la Chine et la France. La réactivité de ceux-ci dans la diversification des offres fait du centre commercial de Bamako un marché convoité par nombre de détaillants et intermédiaires de la sous-région. Sur le marché, quasiment tous les grossistes vendent à la fois les téléphones et les accessoires. En prospectant auprès des grossistes, la figure de l'un d'entre eux a retenu l'attention ; il s'agit de « *Fulake* » (« Le peul » en *bamanan kan*), qui s'est spécialisé dans l'importation exclusive des accessoires. *Fulake* est un véritable modèle de réussite dans le commerce de la téléphonie. On retrouve presque chez tous les détaillants d'accessoires le label *Fulake* - qui est imprimé sur les produits - et tous soutiennent que ses produits sont de qualité relativement meilleure.

En outre, il faut noter que, seuls quelques commerçants - particulièrement les hommes d'affaires - vont régulièrement en Chine et quelques rares fois en France ; sinon, l'écrasante majorité se dirige directement vers Dubaï qui s'avère être le carrefour, la plaque tournante où les marques françaises et chinois sont disponibles. Dans les faits, en ce qui concerne les téléphones importés à Bamako, ils sont fabriqués pour la grande majorité en France et en Chine et les accessoires sont chinois bien qu'ils ne soient adaptables[22] qu'aux marques françaises. Aussi, en plus des caractéristiques des accessoires, le marché est pleinement dominé par les téléphones portables de marque chinoise, certainement du fait de leur coût moyen et de ce fait leur compatibilité avec la bourse des usagers.

Concernant la consommation, Gérald Gaglio soutenait que : « Le succès du produit n'est pas le résultat d'un déterminisme technique (c'est parce que c'est efficace techniquement que ça marche commercialement (…), il est le fait de l'appropriation des individus » (2003 : 5). Dans les faits, cette appropriation est sous-tendue par plusieurs facteurs, comme le laisse entrevoir J. Baudrillard quand il soutient que « la consommation est bien un mode actif de relation (non seulement aux objets, mais à la collectivité et au monde), un mode actif systématique et de réponse globale sur lequel se fonde tout le système culturel »[23].

Cette irrésistible attirance de la population vers la « chinoiserie » s'explique entre autres par la faiblesse du revenu annuel moyen par habitant, estimé à 240 dollars US[24], et la grande proportion de personnes « inactives » (élèves, étudiants, retraités, invalides) qui s'élève à 28% de la population âgée de 15 ans et plus[25].

Pour étayer cette réalité, M. D., un détaillant, de témoigner : « *Maintenant avec les Chinois, tout le monde achète le téléphone* ». Les prix de cession des téléphones varient entre 11 000 à 300 000 FCFA, suivant les modèles et les marques. Mais quoi qu'il en

---

22 Les façades des téléphones chinois ne sont pas changeables. Ce sont celles des téléphones français qui sont changeables.

23 Selon J.A. Dibakana, « *(...) les objets sont d'abord des « signes » avant d'être techniques ou pratiques* », in : « L'usage du téléphone mobile à Brazzaville. La consommation comme analyseur d'enjeux de pouvoir en milieu africain, l'exemple du téléphone portable au Congo », 2006, http : argaunautes.fr/sectio.php ? Artid=351

24 F. Dia, « L'enseignement dans les pays du Sud : l'exemple du Mali », in : http://www.malem-auder.org/spiip.php?article 77

25 Ministère de l'Economie, de l'Industrie et du Commerce, *Rapport* sur la situation économique et sociale du Mali en 2007 et les perspectives pour 2008, sept. 2008 : 34.

soit, ce sont bien les produits « made in China » qui sont de loin les moins chers.

Ce double fait, à savoir l'adaptabilité au pouvoir d'achat des consommateurs et la stratégie de réduction du coût de déplacement adoptée par les commerçants, expliquerait la raréfaction des voyages à destination de la France au profit de la Chine et surtout de Dubaï.

Photo 3.5 Une boutique de téléphones portables et accessoires au centre commercial de Bamako, nov. 2009 (cliché Seydou Magassa).

De fait, ce sont les commerçants qui ont véritablement des capitaux et qui ont assez de clients ayant un revenu confortable qui font quelques voyages en France. D'autre part, avec le réseau de commerce émaillé de puissants liens sociaux comme l'a fait remarquer Laine (1999 : 81), certains commerçants, très bien renseignés par les leurs installés en France, n'y vont que pour profiter des soldes. C. D., la vingtaine, travaillant dans une boutique de grossiste, d'affirmer :

> « Dubaï, c'est en quelque sorte une plaque tournante où se vendent tous les produits liés aux téléphones. Donc, certains ne vont en France que

> pour profiter des soldes. C'est pourquoi vous trouverez des téléphones sur lesquels c'est mentionné « Orange ». On vend plusieurs marques, on vend toutes sortes de téléphones chinois. Aussi, nous vendons les marques Samsung, Nokia, Erickson que nous appelons « originales ». Généralement les nouveautés chinoises : les doubles puces et autres, les gens aiment ça beaucoup, ces téléphones « marchent » bien »[26].

Le développement et la bonne santé du marché bamakois pour les grossistes s'expliquent du fait qu'en plus de la clientèle des autres régions du pays, ils reçoivent régulièrement des commerçants en provenance de la Côte d'Ivoire, du Burkina Faso, de la Guinée Conakry et quelque fois du Niger et du Sénégal. Aux dires des commerçants étrangers comme nous le rapportent les grossistes de la place, la raison en est toute simple, le téléphone est relativement moins cher à Bamako. A.D., grossiste *:*

> « Ici au marché on reçoit des commerçants ivoiriens, burkinabé, guinéens et même ceux du Sénégal et du Niger qui viennent faire des achats. Ils affirment tous que le téléphone est moins cher chez nous. Autrefois les Ivoiriens et les Burkinabés venaient en groupe : les Ivoiriens les samedis et les Burkinabés les mercredis, mais comme la douane les a remarqués, ils viennent maintenant un à un pour moins attirer l'attention des agents »[27].

A côté des grossistes, on trouve les détaillants, qui constituent un groupe hétérogène. Seul un nombre restreint de commerçants a la possibilité de financer des voyages à l'étranger, et la majorité des acteurs ne peuvent s'approvisionner qu'auprès de ceux-ci pour la vente de détail.

La majorité de ceux-ci s'adonnent à des activités de survie caractérisées par un fractionnement élevé des tâches et des gains, le cas extrême étant celui du micro-commerce ou de la vente sur le trottoir ou à la criée. Tout se passe comme si chacun profitait du marché de la téléphonie en fonction de sa position et de ses moyens. En dehors du circuit classique où les détaillants s'approvisionnent auprès des grossistes, certains usent de leurs relations familiales, ethniques ou régionales pour accéder aux produits à des prix plus qu'abordables. C'est

---

[26] Entretiens avec C.D., Centre commercial de Bamako (*Sougou ba*), 17/11/2009.

[27] A.D., Centre commercial de Bamako (*Voxi da*), 30/12/2009.

l'exemple de D. Y., qui tient une boutique de prêt-à-porter et qui évoque son circuit d'approvisionnement :

> « J'ai des connaissances en France, à Dubaï et en Chine. Il suffit que je leur envoie de l'argent pour passer la commande pour que je sois satisfait. Vous savez, nos connaissances qui sont installées dans ces pays ne font que ça. Ils maîtrisent les réseaux ; même ceux qui se déplacent très souvent passent par eux »[28].

Par ailleurs, au sujet de la caractérisation des économies des marges, Andrey Laine (1999 : 81) rejoint les positions de Maurice Godelier (1984 : 242) quand celui-ci suggérait que suivant les temps et les lieux, le procès économique peut « *s'enchâsser et s'enchaîner* » dans les institutions les plus diverses, la parenté, la politique, la religion, donc des institutions qui ne sont pas seulement « économiques ».

Cette analyse est bien valable à Bamako et à Douentza plus qu'à Kidal où la parenté est mise à profit par nombre de grossistes qui font installer des « succursales » à travers le marché gérées par des « parents ». Ceux-ci offrent à la clientèle des téléphones portables et accessoires en détail. L'exemple de W. D., un « grossiste » du *Sougouba* est assez illustratif. Nous avons dénombré au moins cinq de ses « succursales » à *Voxida*[29] et M. D., y officie dans l'une des nombreuses cabines installées aux alentours de la gare de transport en commun (*Djicoroni placi*):

> « C'est le grand frère, le propriétaire des lieux, W. Lui-même, il est dans la grande boutique, donc ça, c'est une succursale. Le grand frère nous donne ces marchandises et il en fixe le prix. Et nous, à notre tour, de chercher un peu de bénéfice, sinon ces portables ne nous appartiennent pas »[30].

Ici, il y a lieu de réinterroger le « communautarisme africain » suivant sa charge rationnelle qui sous-tend une autre manière d'asseoir l'agir social du « big man » en construction. Le type de comportement à l'œuvre est bien rationnel et compensateur d'un manque car, comme

---

[28] D.Y., Centre commerciale de Bamako (Sougou ba), 18/11/2009

[29] *Voxida* est, à la fois, un lieu de marché et de place centrale de transports en commun. C'est la gare centrale des transports en commun desservant la ligne Djicoroni Para, un quartier à l'ouest de Bamako.

[30] W.D., centre commercial de Bamako (Sougou ba), 17/10/2009.

le soutient Chéneau-Loquay : « *La déficience des réseaux techniques va ainsi de pair avec la puissance des réseaux sociaux* » (2010 :6).

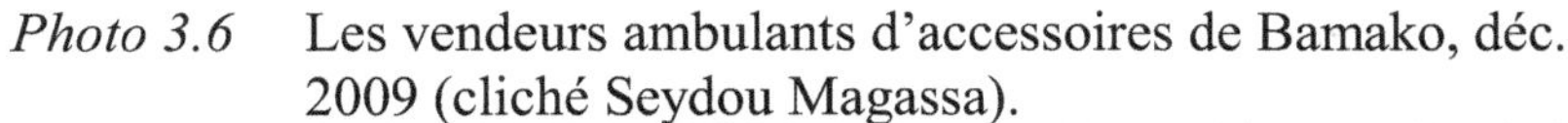

Photo 3.6 Les vendeurs ambulants d'accessoires de Bamako, déc. 2009 (cliché Seydou Magassa).

Quant à la vente des accessoires et autres services tels que la plastification des téléphones en vue de leur protection ou la vente ambulante des cartes de recharges et/ou de « crédit », ils sont assurés, en général, par des migrants saisonniers en instance de fixation ou de préparation de projet migratoire.

Dans les faits, le Mali est un pays essentiellement agricole où travaillent près de 62% de la population active[31]. La migration des ruraux vers les centres urbains est, en partie, accentuée ces dernières années par une sécheresse et son corollaire de crise alimentaire qui tend à s'inscrire dans la durée ; elle touche la presque totalité des régions et le district de Bamako.

---

[31] Rapport sur la situation économique et sociale du Mali en 2007 et les perspectives pour 2008, sept. 2008, p. 34.

Ces contextes, appuyés à une « popularisation » de la téléphonie mobile, font que les appréciations dévalorisantes des métiers commencent à s'estomper et que ceux qui y officient deviennent des baromètres involontaires de la consommation, et, qui plus est, connaissent les véritables clients, une autre manière de savoir « Qui est qui ? Qui peut quoi ? Qui fait quoi ? Qui vaut quoi ? ». Un reflet d'une situation qui est à l'exact opposé des traditionnelles conceptions et références sociétales qui accordent peu de place à l'individu en tant que tel (Cissé, 1973).

Si les migrants ont pour principal et ultime but de se faire de l'argent et sont prompts à quasiment exercer n'importe laquelle des activités pourvue qu'elle soit profitable, avec la téléphonie mobile, ils deviennent des acteurs incontournables. A ce sujet, les propos d'un migrant sont explicites du contexte : « *Il n'y a pas de mauvais travail et, en plus, je gagne un peu. Nous avons quitté les parents pour venir en ville. Nous ne pouvons pas rester sans travailler* » (Sagara, 2008 : 23). Les mots des revendeurs ambulants d'accessoires et de cartes de recharge ne démontrent guère le contraire. O. Y., revendeur ambulant de cartes : « *C'est un travail et un travail est un travail* »[32]. A. T., vendeur ambulant de cartes : « *Nous, on ne choisit pas le travail pourvu que l'activité rapporte ; nous sommes différents des jeunes Bamakois qui disent que je ne veux pas faire ça et c'est ça que je veux faire ; ''ils regardent les yeux des gens'' ; nous, ce n'est pas notre affaire* »[33].

N.G. : « Je suis gardien la nuit et le jour comme vous voyez, je vends les cartes »[34].

> I.T., revendeur ambulant d'accessoires : « Je vis dans une maison avec des copains qu'on paye à chaque fin du mois à 10 000 FCFA; nous sommes quatre là-dedans. Et nous nous associons aussi pour payer les factures d'eau et d'électricité »[35].

---

[32] A.T., Badalabougou en commune V, 16/11/2009

[33] N.G., Centre commercial de Bamako (Sougou ba), 17/11/2009

[34] N.G., quartier-Mali en commune V, 16/11/2009

[35] I.T. au Centre commercial de Bamako (Sougou ba), 18/11/2009.

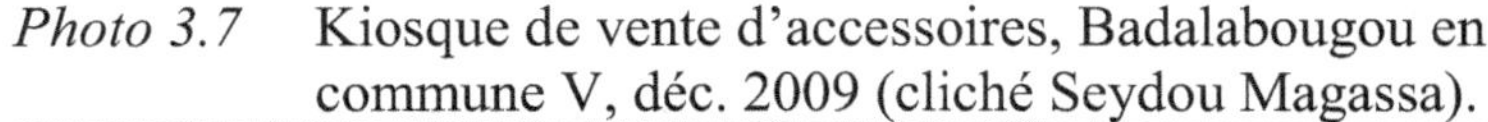

Photo 3.7 Kiosque de vente d'accessoires, Badalabougou en commune V, déc. 2009 (cliché Seydou Magassa).

Ces différents témoignages jettent clairement de la lumière sur la perception générale et le mode de vie de certains d'entre eux dans leur aventure urbaine. Ainsi travaillent-ils dur tout en vivant « modestement », afin de réduire le coût de la vie et du même coup économiser, le moment du retour au bercail, assez d'argent. En somme, ils vivent et se déploient dans « l'économie populaire ».

A l'instar des autres domaines du commerce à Bamako, le paysage de la téléphonie connaît des intermédiaires ou des négociants entre les marchands et les acheteurs que l'on appelle, selon l'expression consacrée, les « coxeurs ». Les autres domaines du marché en connaissent aussi, et, mis à part quelques grands propriétaires de boutiques, il n'est pas rare de voir un marchand se transformer en coxeur suivant les opportunités. La pratique se déroule comme suit : le client étant à la recherche d'un produit dans une première boutique, au lieu que le gérant des lieux lui indique là où il pourrait l'avoir, le coxeur feindra de l'aider à le trouver avec l'objectif de gagner une marge. Souvent, il s'immisce dans le marchandage.

Mais, avec la téléphonie, ce sont des jeunes urbains parfois sans emploi ou souvent réparateurs occasionnels de téléphones qui sont réputés « connaisseurs » du marché. Ils servent très souvent d'intermédiaires ou de traits d'union entre leurs connaissances du quartier qui répugnent à faire le marché.

Le principe est le suivant : un voisin du quartier qui désirerait avoir ou changer de portable, lui communique le modèle ou la marque voulu et le coxeur va aussitôt le chercher au marché. Ici, la confiance est le catalyseur indispensable de ce type d'échange. Selon les dires des marchands et des coxeurs, pour les téléphones moins chers, ils peuvent enlever quelques exemplaires pour gagner quelque chose tout en payant au commerçant le prix courant de cession ; mais quand le prix de cession de l'appareil est assez élevé, le marchand exige une garantie de déstockage. C'est ainsi que dans les différentes boutiques, on note la présence des cahiers voués aux enregistrements relatifs à ce genre de « contrats ». Une fois encore, les acteurs insistent sur le degré de confiance qui lie les contractants. Par ailleurs, certains boutiquiers exigent purement et simplement, en éludant alors tous les risques, l'achat au comptant du téléphone portable par le coxeur avant sa présentation au potentiel acheteur. M.D., un marchand de portables, nous raconte son mode opératoire avec les coxeurs à travers ce qui suit:

> « Si quelqu'un veut un téléphone, il vient le prendre avec nous pour aller le vendre. Mais, il faut faire très attention avec eux. Il y en a parmi eux qui fuient avec les téléphones. Moi-même, j'ai perdu deux téléphones comme ça. Depuis, nous sommes devenus très vigilants. Maintenant, nous ne donnons qu'à ceux qui sont dignes de confiance »[36].

B.N. est un coxeur *:*

> « Les grossistes du grand marché me connaissent ; je vais prendre des téléphones chez eux pour les vendre ; il s'agit de téléphones moins chers. Quand le prix du téléphone dépasse 50 000 FCFA, il faut nécessairement une garantie pour qu'on vous le donne pour la revente. Par exemple, s'il coûte 70 000 ou 80 000 FCFA, il vous faut déposer au moins 50 000 FCFA pour qu'on vous le donne. C'est comme ça que ça se passe. Ils (les

---

[36] M.D., Centre commercial de Bamako (*Voxi da*), 18/10/2009.

grossistes) enregistrent dans leurs cahiers et on le vend pour chercher notre marge »[37].

A.D. est revendeur de vêtements :

> « En réalité, la majorité de mes clients sont des gens qui me connaissent dans le quartier. Quand ils veulent un téléphone, ils passent par moi sans se déplacer. Quand vous arrivez à ma place au marché, à première vue, vous ne verrez que des vêtements et à l'intérieur juste quelques téléphones. Mais quand vous avez besoin de n'importe lequel de téléphone, je sais où le trouver à moins qu'il ne soit pas sur le marché »[38].

En résumé, nous pouvons, sans risquer de nous tromper, affirmer que le marché du téléphone mobile à Bamako est un véritable réseau entrelacé de l'intérieur et où une mosaïque de population exerce densément dans la quotidienneté. Toutefois, il faut se garder de toute catégorisation socio-économique systématique dans ce domaine, car il n'y a quasiment pas de « spécialisation exclusive ». En fait, les acteurs ont le plus souvent plusieurs statuts à la fois, suivant les circonstances et les transactions qui s'offrent à eux. Donc celles-ci font que certains demeurent latents avant leur tour d'exécution. C'est ainsi que tous les grossistes sont également des détaillants, et il n'est pas du tout rare de constater qu'une personne soit à la fois détaillant, coxeur et/ou réparateur de téléphone et revendeur de cartes de recharge.

Le marché de Douentza est pourvu à partir de celui de Bamako. La majorité des commerces de téléphones portables et d'accessoires évoluaient déjà dans celui du commerce général avant d'opérer des reconversions et avant que l'on assiste à l'arrivée de nouveaux venus, à l`instar du cas de Bamako, relevé plus haut. Pour s'approvisionner, certains commerçants font des navettes mensuelles ou bimensuelles, tandis que d'autres se limitent à passer des commandes, généralement par téléphone. La livraison est assurée par les compagnies de transport qui desservent la ville journellement. Ceux qui passent les commandes auprès des fournisseurs créditent les comptes bancaires de ceux-ci à travers la succursale de la Banque Internationale du Mali (BIM), par Money Gram ou par Western Union.

---

37 B.N., Baco-djikoroni-commune V, 20/10/2009

38 A.D., Centre commercial de Bamako (*Sougou ba*), 21/11/2009

Le marché de la téléphonie est organisé de telle sorte que chaque intervenant ait une marge bénéficiaire, depuis le grossiste de Bamako qui s'approvisionne à Dubaï et fournit les intermédiaires de Douentza, jusqu'au petit commerçant de Serma qui est servi à partir de Boni. La structuration du marché fonctionne comme une chaîne verticale qui commence du plus grand commerçant jusqu'au plus petit en passant obligatoirement par des intermédiaires. Abdouramane Nantoumé, vendeur de portables, d'accessoires et réparateur de téléphones en témoigne :

> « Par rapport aux téléphones et aux accessoires, nous avons un parent à Bamako qui nous les fournit. Des fois, nous ne nous déplaçons même pas, on lui envoie seulement la commande par téléphone et ils rapportent les marchandises à la gare auprès de nos transporteurs agréés qui nous les acheminent »[39].

L'option, « *rester chez soi et avoir ses marchandises* », semble être la plus usitée par les commerçants de la place. Cela d'autant plus qu'elle leur permet de maintenir ouvert leur commerce qui ainsi ne souffrira plus de jours de fermeture dûs aux voyages. Partant de l'observation du terrain kayésien (première région administrative du Mali), Dulau soutient la nécessité de l'usage de l'outil de communication dans les échanges commerciaux :

> « Les échanges commerciaux reposent sur la communication entre les différents acteurs (fournisseurs, clients, transitaires, vendeurs) qui se chargent de la distribution des biens sur un territoire. Les grands commerçants sont par essence les grands acteurs de l'échange et de la communication, où l'information est une donnée vitale, la matière avec laquelle ils travaillent. Sans échange ni relation, le commerce ne peut fonctionner. Pour ces acteurs de l'échange, la communication constitue un élément fondamental et occupe une place primordiale dans leur vie de relation » (Dulau, 2001 : 9).

C'est dire qu'avec le téléphone portable, le commerçant gagne en temps et en énergie, et à peu de frais pour entrer en contact avec le fournisseur et le transporteur, il est servi. L'effet d'annonce du portable dans certaines capitales régionale et de cercle a poussé des commerçants sur place à inaugurer la vente des appareils avant même

---

[39] Abdouramane Nantoumé, Douentza, 26/11/2009.

l'arrivée du réseau. C'est Gossi - une commune limitrophe d'Hombori, située sur la route nationale 16 (RN 16) qui dessert également Douentza - qui a été la première localité à être couverte par le réseau. Dès lors, ce fut la ruée sur l'objet magique; il fallait s'y intéresser très tôt. Quelques mois plus tard, Douentza a eu son antenne et le marché de la téléphonie s'est accru avec l'arrivée d'autres opérateurs économiques spécialisés dans le secteur.

Hama Allaye Tamboura, un *Diimajo*, âgé de 26 ans, qui officie dans le commerce de radios, de téléphones portables, d'accessoires et de cartes de recharge, raconte la façon dont il a commencé le commerce des portables et le moment :

> « Nous (mon demi-frère et moi) sommes dans le commerce des téléphones depuis 2006. À ce moment, c'est Gossi seulement qui avait le réseau. Aux jours de foire, les dimanches, nous amenions les portables, accessoires et cartes de recharge. On s'approvisionnait à Bamako pour les vendre, jusqu'à l'arrivée du réseau à Douentza. Nous faisons les foires de Gossi, de Hombori, de Boni, de Simbi et de Douentza. Entre mon grand frère et moi, chacun a sa comptabilité. Mais il est comme mon patron, puisqu'à la fin de chaque mois, il part faire des achats à Bamako et me fournit en conséquence »[40].

Pour lui, en matière de commerce, c'est moins le lien entre frères qui compterait que les principes clairement partagés par les contractants.

> « La boutique est très grande. Je n'ai pas de comptable. Je le gère tant bien que mal. A chaque voyage du demi-frère, je lui passe des commandes qui sont payées au comptant. Egalement, je fournis d'autres commerçants de la place. Actuellement, mon frère ne passe pas un mois sans partir à Bamako. Les téléphones qu'il amène ne nous suffisent même plus et lui, ne voudrait pas faire de crédit, les produits sont payés au comptant »[41].

Le succès de Hama et de son demi-frère est de n'avoir que les Peul comme clients et cela pour trois raisons : d'abord, ils étaient les principaux vendeurs de radios dans tout le cercle ; ensuite, rares sont les *Fulbe* qui ne s'achètent pas de radio pendant leur jeunesse. N'a-t-on

---

[40] Hama Allaye Tamboura, Douentza, 27/11/2009.

[41] Hama Allaye Tamboura, op. cit.

pas l'habitude de se moquer d'eux qui, dans les rues, se pavanent avec leur combiné accroché aux épaules ! Curieusement, dans ce même milieu, il n`est pas rare de voir des jeunes, en rupture de banc avec les parents, qui vendent des têtes d'animaux pour se procurer des radios ou des mobylettes. L'arrivée des téléphones portables avec option multimédia (musique, vidéo, radio FM, etc.) mettrait-elle fin à cette « tradition » ?

Enfin, quant à leur identité sociale, ils appartiennent à la catégorie des *Rimaybe* (esclaves affranchis et qui se considèrent Peul) qui continuent de maintenir les liens socio-historiques avec les *Rimbe* (nobles). Par instinct ou par atavisme, le *Ndimo* préfère avoir commerce avec quelqu'un de familier, généralement de même culture, plutôt qu'avec un Bambara ou un Dogon. Par ce biais, il s'agira de la pratique d`une même langue qui est associée aux subtilités de marchandage et d'accueil. Cela est vrai tant pour le client que pour le commerçant :

> « Depuis l'arrivée des réseaux, les Peul achètent hebdomadairement une vingtaine de portables SOTEL (marque chinoise avec Bluetooth). Si nous commandons 20 portables de Bamako, ce samedi par exemple, nous serons obligés d'en commander 20 autres le samedi prochain. La majorité de nos clients sont des Peul et ils ne connaissaient que cette marque dont les usages ont fait des émules chez eux dans les campagnes. Ce succès est dû à la jalousie filiale. Par exemple, si aujourd'hui, un Peul venait à acheter telle marque, assurez-vous, demain, c'est son frère ou son voisin qui viendra demander la même chose. A chaque foire à Hombori (mardi), mon demi-frère apporte au moins une dizaine de téléphones et il n'en ramène aucun et cela dure depuis deux ans. Avant, ils ne savaient pas manipuler les téléphones et si on les appelait, tu les voyais courir dans tous les sens pour que quelqu'un les aide à décrocher. Aujourd'hui, ils connaissent le OK et d'autres savent enregistrer les contacts et même transférer de la musique ou prendre des photos »[42].

[42] Hama Allaye Tamboura, Douentza, 27/11/2009.

Photo 3.8 Hama Allaye Tamboura dans sa boutique (Douentza, cliché Boukary Sangare).

Un autre commerçant d'origine dogon, ayant suivi nos échanges, de relativiser quelque peu les propos enchanteurs de Hama Allaye :

> « Chez moi, la plupart d'entre eux viennent pour acheter les anciens portables ou pour réparer leurs téléphones (...). Ce n'est pas parce qu'ils sont pingres ou avares. Ils achètent des choses plus coûteuses et plus valeureuses que le téléphone. Le téléphone n'est pas d'une grande nécessité pour eux, c'est pour contacter seulement les gens en ville ou en brousse. Cela n'est pas aussi commun à tous les bergers. D'autres achètent des téléphones de marque et appellent constamment leurs parents, des amis, etc. Ça leur empêche de faire de longs déplacements »[43].

« parenté à plaisanterie » chez cet interlocuteur qui ramène tous les Peul à des bergers. A noter qu'en ce milieu, ce sont leurs dépendants qui conduisent les animaux en haute brousse. L'important, ici, est de relever que tout le monde s'intéresse au téléphone portable qu'il soit neuf ou usagé. Aussi, il semble exister une interrogation sur la clientèle dans une localité où la question d'allochtonie et d'autochtonie

[43] Abdouramane Nantoumé, Douentza, 26/11/2009.

refait de plus en plus surface ; est en cause l'enjeu de la représentation locale au cours des élections (communales et législatives), depuis l'avènement de la démocratie et du multipartisme. De la même manière, les Peul se choisiraient leurs commerçants, donc il existe en quelque sorte un marché d`interconnaissance et d'interaction sociale.

Photo 3.9 Les téléphones « neufs » à vendre, accompagnés de nom de marque déposée alors qu'ils ne sont en réalité que des imitations (« chinoiserie ») (cliché Boukary Sangaré).

Remarquons tout de même un jugement de valeur aux allures de

Contrairement à Douentza et plus qu'à Bamako, le marché du téléphone portable n'est pas très développé à Kidal. Moins de cinq commerces s'y intéressent, et seul un en a fait une exclusivité ; les autres l'associent avec d'autres produits courants (quincaillerie et autres). C'est le lieu de reconnaître que Kidal ne possède pas de véritable marché, la pratique du pastoralisme y est encore courante et l'essentiel de l'alimentation y est fourni par l'élevage et le commerce « illicite » avec l'Algérie. La majorité des populations n'exercent pas une activité productive et le taux de chômage est assez élevé ; il touche davantage les jeunes qui n'ont pas, non plus, de spécialisation ; un gisement potentiel à la solde des « va-t-en-guerre », des marchands d'illusion[44] et des réseaux maffieux en connexion avec d'Al Qaïda du Maghreb Islamique (AQMI) dont l'un des modes opératoires est le kidnapping et le trafic en tout genre. Aussi, l'insécurité croissante et récurrente ne permet pas aux commerçants de s'y investir. Ce qui constitue un contraste avec les autres capitales régionales et l'engouement qu'il recèle auprès des populations de l'*Adagh*.

A contrario des « au revoir » de la France du marché bamakois, à Kidal, ce sont plus des « fatigués » de Bamako qui font la loi à côté des offres limitées du marché en termes de marque où les plus disponibles sont les classiques (Nokia, Motorola et Samsung) et récemment les « chinoiseries » à double puce.

Comme dans les autres localités du pays, la téléphonie mobile a été d'abord un effet de mode à Kidal, et cela d'autant plus que tout le monde cherchait à l'avoir. Ensuite, au gré des besoins individuels et sociétaux, le téléphone mobile a pu avoir une valeur d'usage et un mode d'appropriation suivant les contextes et les milieux de vie. Ceci s'explique par le fait qu'avec le portable, il y avait plus de facilités à pouvoir joindre quelqu'un, à organiser des rencontres, etc. Car, avant son avènement dans la région, les déplacements fréquents coûtaient cher en termes de temps et de moyens financiers. L'ubiquité qu'offre

---

[44] Une autorité morale des régions du Nord du pays n'interpellait-il pas l'ancien président de la République en ces termes plutôt évocateurs : « *Nos enfants, surtout les cadres, ne bénéficient pas de nos luttes politiques. Ils sont tous au chômage ou des postes subalternes à cause de notre égoïsme et de notre insouciance. Nos jeunes n'ont bénéficié des différentes intégrations entreprises, soit disant pour les régions du Nord. Nos régions ont été exclues des investissements réalisés au cours de la Can 2002. L'Etat a manifesté à cette occasion son mépris ou tout au moins le peu de crédit qu'il accorde aux régions du Nord* », « L'appel du père fondateur de l'ex-mouvement Ganda Khoye », mai 2010, in : www.maliweb.net.

son usage accentuait ainsi sa « popularisation » et le besoin de communiquer.

> « Il a accentué le besoin étant donné qu'il est beaucoup plus facile d'atteindre l'autre à partir de son téléphone que de se déplacer, et n'étant pas sûr de le trouver sur place. Donc la facilité est là, c'est ce qui accentue le besoin. Tu sais qu'à n'importe quel moment, il suffit de taper le numéro de contact pour l'avoir sauf si son mobile est éteint, déchargé ou hors réseau. Tout cela est indicatif que la personne n'est pas joignable momentanément. Donc chaque personne a une identité, un numéro, une identité mobile, c'est ce qui accentue ce besoin. Les gens appellent aujourd'hui juste pour dire bonjour, pour draguer, pour parler de tout et de rien ou pour régler de nombreux problèmes »[45].
>
> « C'est comme, quand on se réveille chaque matin et qu'on prenne un verre de thé, c'est une question d'habitude, l'habitude est une seconde nature. Recourir au téléphone, également, devient une seconde nature. Je pense que dans ce contexte, ça peut influencer quelqu'un et le pousser à vouloir communiquer même avec celui qu'il ne voit pas »[46].

Or, si la communication est un fait social, il est à constater que les Peul de Douentza et *Kel Adagh*, adonnés à l'élevage transhumant et à l'exil-migration, sont aujourd'hui présents dans chacune des capitales régionales du Mali et continuent de maintenir des liens assez poussés avec leurs parents restés dans les terroirs. Nombre d'entre eux sont devenus par la suite des hôtes pour de nombreux jeunes qui, après le baccalauréat et devant s'inscrire dans des instituts d'enseignement supérieur ou facultés, domiciliés désormais à Bamako, éprouvent le besoin d'avoir des nouvelles de leurs parents et vice versa. C'est cet ensemble de besoins, entre autres, qui densifie ainsi la communication et l'usage ou le recours fréquent au téléphone portable.

Le portable serait donc cet outil ou support qui permet de maintenir le réseau social de communication qui commence à partir de l'individu en passant par sa famille, son entourage et pour s'étendre à autrui.

Au-delà du constat basique, avec le téléphone portable à Kidal, quelle est la structuration du marché de la téléphonie mobile et qui en sont les acteurs ?

---

45 Entretien avec Hassan Ag Ahmad, Kidal : Etambar : 10/12/2009.
46 Entretien avec Hamane Ag Ahiyoya, Kidal : Etambar : 07/12/2009.

Photo 3.10 La façade de l'un des premiers commerces de téléphone portable à Kidal, août 2009 (cliché Naffet Keita).

En règle générale, ces commerces sont tenus par des Arabes, des Sonrhaï et des Nigériens. Les Arabes sont spécialisés dans la vente des thuraya. A côté du cellulaire, c'est le satellitaire (Thuraya) qui occupe une place très importante sur le marché ; ne dit-on pas, ici, que c'est le téléphone des hommes *« talfo wan medan »*. Son commerce n'est pas très différent de celui des autres produits, car c'est toujours une marge bénéficiaire qui est recherchée :

> « On achète les articles à Bamako qu'on revend avec un petit intérêt, par exemple un complet bazin « deux pièces » acheté à 8 000 F est revendu entre 9 000 à 10 000 FCFA, ici. C'est la même chose pour les Thuraya et ses accessoires. On les amène de Gao, après qu'ils aient été payés de Dubaï par des commerçants arabes et on y ajoute un petit intérêt. Personnellement, je m'approvisionne à partir de Gao auprès des Arabes en appareils, les cartes de recharge, les accessoires (chargeurs, batteries, plaques solaires, façades…) »[47].

Ces genres d'appareils ont fait leur apparition dans les années 2000, bien avant l'arrivée d'Orange Mali et MALITEL/SOTELMA. Ils se vendaient à 500 000 FCFA et actuellement, ils sont cédés entre

[47] Entretien avec Alhassan Ag Illjimit, commerçant Kidal : Nouveau marché : 12/01/2010.

400 000, voire 375 000 FCFA l'unité. Il existe différents types de marque : les *Ascom* sont les plus appréciés par les clients car ils seraient les premières marques ; ensuite, nous avons les *Gharabiyat*, cette marque serait assez récente et elle est cédée à 300 000 FCFA.

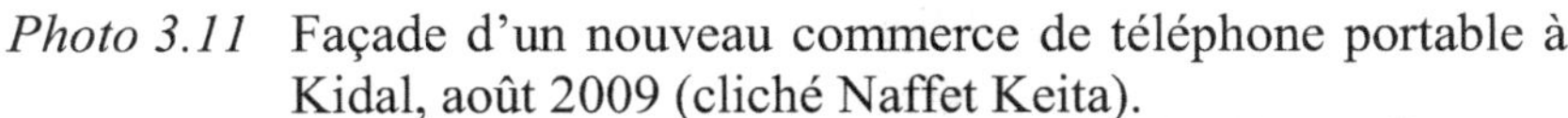

Photo 3.11 Façade d'un nouveau commerce de téléphone portable à Kidal, août 2009 (cliché Naffet Keita).

> « Il y a deux types de Thuraya, il y a ceux donc les numéros commencent par 44 qui ne consomment pas beaucoup et ceux dont les numéros commencent par 21 qui consomment. Avant, il te fallait mettre une carte de 5 000 F pour biper un autre Thuraya et maintenant avec une carte de 2 000 F, tu peux très bien communiquer avec quelqu'un pendant un long moment, donc ils ont permis beaucoup de choses »[48].

Avant, les batteries coûtaient 20 000, contre 15 000 FCFA de nos jours. Quant aux puces, elles se vendaient pour 50 000 FCFA et sont maintenant cédées à 10 000 FCFA. En plus des accessoires, les commerçants de Thuraya vendent également des plaques solaires coûtant

[48] Entretien avec Sidalamine Ag Ekaidy, Kidal : Centre-ville : 01/12/2009.

90 000 FCFA qui peuvent recharger les batteries en l'absence de source d'électricité. Elles sont jugées plus fiables, résistantes et plus utilisées dans la brousse[49].

Photo 3.12 Une affiche publicitaire du téléphone satel-litaire Thuraya, 15/01/2010 (cliché Naffet Keita).

Si la vente des produits Thuraya aux clients a connu une certaine baisse, celle-ci est en partie liée à la présence des réseaux de téléphonie mobile qui sont en mesure de couvrir aujourd'hui la presque totalité des chefs-lieux de cercles de la région, et avec des prix de cession des puces et des cartes de recharge beaucoup moins élevés, de même

[49] Ici, dans l'entendement populaire, brousse renvoie au campement des éleveurs pasteurs.

que l'accès à un appareil téléphonique. Si à l'époque être propriétaire d'un Thuraya était signe d'un certain prestige, aujourd'hui, seuls en possèdent les gens qui ont réellement des affaires à régler en dehors du pays ou ont une position sociale importante (député, maire ou président de conseil de cercle ou de région, commerçant, etc.).

C'est dire qu'aujourd'hui, le Thuraya n'est à la portée que d'un groupe restreint, bien qu'un rabattement du prix d'achat soit réel. Pour les commerçants, la clientèle est très restreinte par rapport à celle de la téléphonie cellulaire. Pour eux, la détention d'un Thuraya et son entretien ne sont pas à la portée de tout le monde car on utilise des cartes de recharge dont le prix moyen oscille entre 6 000 à 7 000 FCFA, soit 10 dollars US.

Photo 3.13 En plein Sahara malien, un propriétaire de Thuraya à la recherche du réseau entre Kidal et Tessalit, 26/12/2009 (cliché Youssouf Ag Rhissa).

« Mes clients, se sont les éleveurs qui en constituent la majorité, les chefs de fraction, les commerçants, les entreprises qui travaillent dans les zones reculées »[50].

« En dehors de certains notables (chefs de fraction), certains jeunes ayant réussi dans les affaires (trafic) et les anciens rebelles, il existe peu de détenteurs de téléphonie satellitaire. Les éleveurs en grande majorité trouvent que le téléphone portable est un luxe qu'il faut éviter au risque de laisser échapper l'essentiel (les activités pastorales). Il faut noter cependant que les jeunes des deux sexes qui ont un pied dans la campagne et un autre dans la ville possèdent en général le téléphone cellulaire classique »[51].

A la différence des zones de transhumance appelées généralement, ici, la brousse, les citadins quels que soient leur condition sociale ou leur statut, cherchent à se procurer des appareils de téléphone portable :

« C'est pourquoi on le trouve, à la fois, tant entre les mains des riches que celles des pauvres, c'est-à-dire celui auquel vous avez l'habitude de faire de l'aumône. (...) les chercheurs, les cadres, les commerçants, les hommes politiques, les grands éleveurs, les fraudeurs ou bandits de tout genre se promènent aujourd'hui avec cet outil »[52].

Donc, à part certains éleveurs transhumants qui vivent en milieu rural et qui n'ont pas accès à l'outil, on ne peut spécifier de groupes dans la société qui n'y ont pas accès. Généralement, ce sont les plus démunis et même certaines personnes aisées, confrontés dans leurs milieux (les aires de transhumance) au problème de l'entretien, le manque de source d'énergie ou autres, et qui ont décidé de s'en passer.

« Qui ne le possède pas, ce sont les groupes les plus démunis, ceux qui n'ont pas surtout la possibilité de s'en procurer, qui n'ont pas la possibilité de l'alimenter. Bon, il n'y a pas un groupe social particulier. C'est clair, celui qui cherche sa pitance quotidienne ou ne peut pas faire face à un téléphone portable qui devient une seconde famille. Même ceux qui ont certains moyens financiers ou matériels mais qui n'ont pas accès à

[50] Entretien avec Alhassan Ag Illjimit, Kidal : Nouveau marché : 12/01/2010.

[51] Entretien avec Rhissa Ag Ratbou, Kidal : Intidbane : 01/02/2010.

[52] Entretien avec Eghleze Ag Foni, Kidal : Etambar : 07/12/2010.

l'électricité pour la recharge, ça leur pose problème, ceux-ci aussi sont nombreux en brousse »[53].

« Ici à Kidal, c'est principalement les éleveurs transhumants. Kidal a une certaine spécificité. Il existe plusieurs sortes de téléphones : les téléphones de couverture urbaine (Orange et MALITEL) et les téléphones satellitaires. Certains éleveurs transhumants, s'ils ont les moyens ; d'ailleurs, ils sont nombreux à s'offrir ce téléphone-là. Avec ce téléphone, tu es joignable partout. Il est vrai que c'est un outil qui est très répandu chez les commerçants qui traversent le désert. Donc on peut dire que la téléphonie mobile est présente un peu partout, pas seulement en ville mais aussi en brousse »[54].

Le marché des puces

Le commerce des puces est à l'image de celui des téléphones et des cartes de recharge. Les puces de MALITEL sont vendues au niveau de la SOTELMA auprès de laquelle les commerçants font des achats en gros pour les revendre sur le marché moyennant un intérêt. Pour ce qui est d'Orange Mali, à défaut d'un représentant officiel ou d'un espace du même nom (dépositaire agréé) comme dans d'autres localités du pays, les choses se passent dans l'informel comme l'achat de n'importe lequel des produits sur le marché.

« Bon, soit tu es représentant agréé d'Orange Mali, soit tu as un espace Orange. En principe c'est comme ça que ça doit se passer. Mais du moment où Orange est une société privée, c'est un truc purement commercial. Moi, je trouve que c'est illégal, mais ce sont des formes de commerce qu'on retrouve partout dans le pays, tu trouveras les puces et les cartes au niveau de toutes les boutiques »[55].

Pour accéder aux puces, les commerçants soutiennent s'approvisionner à partir de Bamako ou sur d'autres places (Sévaré)[56]. À chaque fois que la demande s'accroît, ils font appel à leurs connais-

[53] Entretien avec Ibrahima Ag Mohamed, Kidal : Etambar : 23/11/2009.

[54] Entretien avec Hassan Ag Ahmad, Kidal : Etambar : 10/12/2009.

[55] Entretien avec Hamane Tikane Ag Ahiyoya, réparateur et vendeur d'accessoires, Kidal : Nouveau quartier : 07/12/2009.

[56] C'est surtout le cas des Burkinabé, car leur parcours migratoire a débuté dans cette localité (la route du poisson qui relie Mopti à Accra en passant par Ouagadougou).

sances qui travaillent dans le secteur. S'ils ont des stocks, ils leur font envoyer par l'entremise de transporteurs (Bamako – Gao – Kidal).

> « On contacte les amis qui sont à Sévaré, par le téléphone, qui vont les remettre au car et on les récupère à partir d'ici, contre une commission. Soit elles sont payées cash par un ami sur place, soit, en retour, nous lui envoyons des produits algériens en compensation du prix ou des fois plus ; c'est la loi du marché »[57].

En plus des vendeurs classiques de puces, d'autres entrepreneurs peu ordinaires s'essayent dans le créneau, il s'agit des migrants en transit qui n'arborent point la possibilité de travailler dans un secteur formel. Car selon eux, cela peut retarder la réussite du projet migratoire. L'essentiel, c'est de pouvoir trouver à s'occuper, à faire autre chose en attendant d'arriver à bon port. Du moment où les produits de la téléphonie mobile ne connaissent pas de mévente ou d'avarie, au jour « J », se débarrasser du stock, s'il y en a, est facile et vite fait :

> « Au début, je travaillais dans le BTP, telle est réellement ma formation. J'ai vu que ce n'était pas facile de travailler dans le bâtiment dans un milieu où tu n'es pas connu. Je me suis alors approché de mon frère (burkinabé) pour travailler avec lui. Le créneau m'est devenu plus profitable que la maçonnerie »[58].

Le domaine de la téléphonie mobile est perçu par certains comme un espace où le travail effectué est insignifiant par rapport au gain engrangé : « *En maçonnerie, il y a plus de fatigue avec moins de gains alors que dans la vente des cartes et accessoires, le gain est immédiat avec moins de fatigue* »[59]. Certains le choisissent, au début non pas pour ce qu'il est, mais parce que c'est la seule possibilité qui leur est offerte :

> « En arrivant ici, j'ai trouvé que mes devanciers se débrouillaient dans nombre de domaines ; je ne devais pas créer une concurrence inutile du

---

[57] Entretien avec Souleymane Ouédraogo, commerçant, Kidal : Nouveau quartier : 13/01/2009.

[58] Entretien avec Yigo Djetawendé, commerçant, Kidal : Nouveau quartier : 13/01/2009.

[59] Entretien avec Yigo Djetawendé, op. cit

fait que le marché n'est pas très développé. C'est ça qui a fait que je suis intéressé au créneau du téléphone portable »[60].

La vente des téléphones et des accessoires réussit bien à ses acteurs, car à la différence des activités menées auparavant, le gain est significatif : *« Aujourd'hui, j'arrive à gagner, à manger et à économiser un peu plus »*[61]. Cette autonomie, toute relative, donne une visibilité dans la société d'accueil et constitue, pour eux, un facteur d'intégration bien qu'elle ne soit pas suivie, pour autant, d'un changement de regard de la part de l'entourage : *« Le regard est toujours pareil, de la même manière qu'on me regardait quand j'étais maçon, c'est de cette manière qu'on me regarde jusqu'à présent. Je ne suis qu'un étranger, un migrant potentiel »*[62]. Quelles que soient les conditions difficiles d'accès aux produits, le besoin est là : tout le monde veut désormais avoir son portable. Ce qui explique la croissance de la demande des puces de la part des populations.

Tout comme à Kidal, l'accès aux puces à Douentza se fait ordinairement auprès des acteurs traditionnels du marché cités haut et au niveau de l'espace Orange. La présence de cet espace commence à endiguer les spéculations que faisaient les premiers et surtout les prix de cession ont réellement baissé. A titre illustratif, de 500 000 FCFA en 2000, la puce est cédée aujourd'hui à 500 FCFA avec des bonus crédit et SMS.

Ce dépérissement du marché des puces est plus qu'une réalité à Bamako. Les vendeurs ambulants de puces sont davantage devant l'aéroport et les gares routières pour proposer des puces avec des bonus au prix double de la cession normale. Surtout à la veille des fêtes, ils n'hésitent pas à proposer des puces avec des bonus SMS en lieu et place des cartes de recharge. Le marché des puces n'a-t-il pas atteint sa limite historique ?

Les dernières promotions des opérateurs ont fait éclater encore davantage la bulle que constituait le circuit de la vente par des jeunes ruraux et dépositaires des puces. Leur marge, toute relative était fonc-

---

[60] Entretien avec Souleymane Ouédraogo, commerçant, Kidal, Nouveau quartier : 13/01/2009.

[61] Entretien avec Souleymane Ouédraogo, op. cit.

[62] Entretien avec Yigo Djetawendé, ibid.

tion du peu de spéculation qu'ils pouvaient y faire. Or, les promotions sont venues asséner un coup de grâce en permettant au client d'accéder à deux puces tout en ne déboursant que 500 FCFA. Celles-ci sont créditées d'au moins 5 000 FCFA de communications rééchelonnés et de centaines de bonus SMS pour une période de grâce allant jusqu'à quatre mois. C'est dire que les puces sont devenues, à ce jour, un produit des plus accessibles à l'instar de n'importe quel produit courant. Il n'y a point d'étonnement à voir aujourd'hui un malien avec plus d'une puce.

Tout de même, ce dumping des opérateurs a lieu alors que le gouvernement a décidé d'octroyer la licence à un troisième opérateur. Or, si les gouvernants peuvent se féliciter de la couverture du pays par les opérateurs de téléphonie, chose que la société nationale de l'époque n'avait pu faire et surtout dans le champ d'atteinte des OMD (le service universel), il y a toutefois matière à discuter des conditions dans lesquelles s'est opérée la promotion : l'identification de la civilité de l'acquéreur n'a point été la priorité des opérateurs de téléphonie !

Les cartes de recharge

S'agissant du marché des cartes de recharge, il est structuré approximativement de la même manière que celui de l'appareil téléphonique. Sauf, que cette fois-ci on y accède exclusivement auprès des sociétés de téléphonie. La possession d'un appareil téléphonique n'est pas synonyme de pouvoir appeler, il faut une puce d'un opérateur. A défaut de bonus d'activation, il y a lieu de l'alimenter et cela est possible sous deux conditions : soit par abonnement, soit par *prepaid* (prépayé) à partir d'une carte rechargeable. Comme préalablement relevé, aujourd'hui les postes prépayés représentent 99,99% du parc malien. Or, plusieurs études ont montré le succès des cartes prépayées en Afrique. Elles stipulent toutes que ce sont les contraintes économiques dans lesquelles vivent les consommateurs qui expliquent ce succès. Walter G. Nkwi résume bien ce contexte par l'expression suivante: « *People started to live without a tommorow* » (les gens se sont mis à vivre en se passant de la case 'demain') (2009 : 53). C'est à juste titre que Gnamien Guy récapitule cette réalité par les propos qui suivent:

> « La carte prépayée est un système très abouti en Afrique (...). Tous les opérateurs ont développé leur système de carte prépayée. Cette formule est performante car on se trouve dans une situation où des revenus sont disponibles mais ils ont la caractéristique d'être ni certains, ni pérennes. Le consommateur est donc plus attiré par les abonnements sans factures et sans contraintes. De plus, avec la carte prépayée, le montant du crédit d'appel est connu et sa gestion est aisée et personnelle » (2002 : 71-72).

En matière de gestion de la consommation, Ludovic Kibora rappelle que « l'usage du téléphone se fait de façon parcimonieuse. Il peut même arriver qu'il garde un peu ''d'unités'', juste de quoi ''biper'' » (2009). Donc le post-abonnement, c'est-à-dire l'abonnement par contrat, demeure l'apanage des seules grandes entreprises privées et publiques comme le relève Sall[63]. C'est donc vraisemblablement ces raisons qui sous-tendent le succès des cartes prépayées et partant le développement et l'investissement du secteur par un grand nombre de personnes. La vente des cartes de recharge et le transfert de crédit sont devenus au Mali l'un des marché le plus florissant et « populaire ». Ce marché est d'un intérêt certain pour la population, ce qui lui a valu que des articles de journaux lui soient consacrés : « Cartes et puces nourrissent beaucoup de monde (...). L'activité qui offre le plus d'emploi est sans doute la vente des cartes et des puces » ![64]

En effet, partout dans les villes, des points de vente de cartes de recharge et de transfert de crédit pullulent : des boutiquiers de proximité, des restauratrices, des secrétaires de bureau, des vigiles, etc. tous en vendent parallèlement à leur activité quotidienne. Au-delà de ce groupe qui en fait accessoirement la vente, il y a les « combattants du macadam », c'est-à-dire les revendeurs ambulants. Comme on l'a noté plus haut, les marchés, les carrefours, le long des grandes artères routières, des « stations mobiles » consacrent la figure achevée de la vente ambulante des cartes de recharge et de crédit.

Si les acteurs du créneau sont assez visibles de par la recherche effrénée de clients qui se joue à cause du nombre des officiants, le cir-

---

[63] K.F. Sall, op. cit. p. 25.

[64] Mh. Traoré, « Petits métiers : cartes et puces nourrissent beaucoup de monde », op. cit.

cuit de distribution des cartes prépayées et du crédit y serait aussi pour quelque chose.

Nos observations montrent que les cartes prépayées et le transfert de crédit transitent entre plusieurs échelons avant d'atteindre les consommateurs. En fait, c'est un circuit de distribution à l'image d'une pyramide, au sommet de laquelle sont situées des « niches » qui traitent directement avec les opérateurs de téléphonie mobile. En dessous de ceux-ci, se trouvent les « Masters » puis les grossistes. Ces derniers, à leur tour, sont talonnés par les demi-grossistes et enfin, à la base de la pyramide, se placent les détaillants qui se chargent de ravitailler les consommateurs.

Une observation participante passive nous a permis de déterminer et de décrire les différents acteurs du marché de la téléphonie mobile dans l'agglomération bamakoise et à l'intérieur du pays. Il s'agit d'un marché assez étriqué qui met en scène des acteurs divers dont les rapports ne sont pas très clairement perceptibles. Ici, nous nous limiterons au fait de les caractériser et de les décrire dans leurs activités quotidiennes. Qui sont-ils et quelles sont leurs parts de marché ? Comment sont-ils structurés ?

Dans les faits, ce sont les opérateurs de téléphonie mobile eux-mêmes, chacun de son côté, qui fabriquent et mettent sur le marché les différentes cartes de recharge et de crédit destinées à la consommation des usagers. Pour ce faire, ils travaillent ou ont recours aux « Master » pour la distribution des produits.

C'est dire que dans l'environnement de la distribution et de la consommation, il existe des groupes de personnes, agréés par les opérateurs, appelés communément dans le jargon de la distribution des cartes de recharge, les « Masters ».

En principe, il existe des conditions à remplir pour pouvoir accéder à l`agrément et, en dernière instance, il appartient à la compagnie d'accepter ou non la candidature du postulant. En nous référant à la fiche technique intitulée « les conditions d'agrément au contrat Masters distributeurs » de MALITEL, il est explicitement mentionné que: « *La satisfaction à toute ou à l'une des quelconques conditions ne donne droit à l'agrément Master Distributeur. MALITEL se réserve le droit de l'attribution ou pas de l'agrément de Master Distributeur* ». Et comme le dit une revendeuse, S. K. :

Photo 3.14 & 3.15 Revendeur ambulant de cartes en commune V, à N'Torokorobougou (nov. 2009) et panneau publicitaire de la recharge *mugan-mugan,* sur l'avenue Kwamé N'Krumah, à Hamadallaye ACI, janv. 2010 (cliché Seydou Magassa).

> « Il fut un moment où j'avais voulu faire un partenariat avec Orange parce que j'ai des connaissances à Bougouni qui voulaient s'engager dans la vente des cartes au prix « d'en gros ». C'est ainsi que nous sommes allés les voir et on nous a dit de prendre avec les « grossistes » (Master) sur le terrain et que le réseau était fermé »[65].

Ces éléments de constats prouvent que ne devient pas distributeur Master qui le veut nonobstant toutes les démarches effectuées par le postulant. A ce jour, ils sont environ une dizaine dans toute la ville pour les deux compagnies, comme nous l'apprend M., le plus grand et le plus connu des grossistes dont le bureau est au quartier Badalabougou en commune V du district de Bamako. Il demeure donc l'apanage

[65] Entretiens avec S.K., Torokorobougou.

des seuls « élus » des opérateurs et c'est ce qui fait dire à certains revendeurs que ce sont les représentants des opérateurs sur le terrain.

Pour être grossiste, il n'y a pas de grand protocole, seul est besoin le capital financier permettant de faire des achats directement auprès des Masters. Selon M., pour être grossiste, il faut avoir au moins une surface financière d`au minimum quatre à cinq millions de FCFA de pouvoir d'achat pour coopérer avec les Masters. Ce sont seulement des personnes « nanties » financièrement qui ont pu rapidement accéder à leur confiance. A.D. gère une alimentation à Torokorobougou, il est grossiste depuis quelques années. Comme déjà mentionné, l'exigence de capital financier fait que le nombre de grossistes est également très restreint, il y en a juste quelques-uns par quartier, or Bamako en compte près de 80. Aussi, en nous référant aux propos de M., beaucoup de personnes sont appelées ou se font passer pour des grossistes, peut-être pour des raisons managériales ou par pure ignorance alors qu'ils ne le sont guère. Il serait plus judicieux de les considérer comme « grossistes prime » ou tout simplement demi-grossistes.

Les conditions indispensables pour être demi-grossiste sont similaires à celles des grossistes avec la seule différence que les exigences financières sont relativement faibles. En fait, selon les informations recueillies, il fallait, il y a quelques années, au moins 250 000 FCFA pour être grossiste ; mais avec la multiplication des grossistes, maintenant même, avec 100 000 FCFA, on peut faire des achats avec les grossistes. Pour ce qui concerne la marge bénéficiaire, les demi-grossistes obtiennent à peu près 10 à 15 FCFA sur les cartes de 1 000 F et 20 F et 25 F respectivement sur les cartes de 2 000 F et de 5 000 F. Toutefois, les revendeurs certifient que les cartes d'Orange-Mali ont une marge bénéficiaire faible par rapport à celles de MALITEL. Quant au transfert de crédit d'Orange-Mali, « *zêrin* », le bénéfice s'élève à 200 FCFA pour chaque tranche de crédit de 10 000 FCFA vendue. Il est à noter que les demi-grossistes sont assez nombreux dans la ville de Bamako. Cela s'explique par plusieurs raisons : la demande est très forte et la ville favorise cet état de fait de par sa stature administrative, économique, son urbanisation, les possibilités d'emploi, d'accès aux ressources et sa démographie, la concurrence entre les acteurs et la quête inlassable de clients, faisant que la plupart des demi-grossistes vont à la chasse aux clients à partir de moyens de locomotion légers, les mobylettes.

Les détaillants représentent le dernier maillon de la chaîne qui relie les produits des opérateurs aux consommateurs. Ce groupe est constitué du tout-venant ; pour en faire partie, il suffit d'avoir seulement de quoi acheter avec les demi-grossistes et le nombre de cartes importe peu. Aussi, pour vendre du « *zêrin* » ou « *mugan-mugan* » (cent francs – cent francs), il suffit tout simplement de se procurer une carte SIM spéciale conçue pour ce faire par les opérateurs téléphoniques et coûtant entre 2 000 F et 2 500 FCFA, et la créditer par tranche de 10 000 FCFA, pour ensuite vendre le crédit par transfert suivant les moyens de l'usager ; le crédit de base à la vente est de 100 FCFA. Ces facilités expliquent, en partie, les raisons qui font que le nombre de revendeurs soit élevé.

Par rapport à la marge bénéficiaire, s'agissant du « *zêrin* », les acteurs s'accordent à soutenir que sur un crédit de 10 000 FCFA, ils gagnent 500 F ; pour les cartes, le bénéfice varie selon les revendeurs : les bénéfices unitaires des cartes de 1 000 F sont soit 40, 60, 70 ou 75 FCFA. Toutefois la majorité des revendeurs déclarent obtenir 60 FCFA sur les cartes d'Orange-Mali et 75 FCFA sur celles de MALITEL. Avec les autres cartes, celles de 2 000 et 5 000 FCFA, ils gagnent respectivement 160 F, 400 FCFA avec MALITEL, et 150 et de 300 à 350 FCFA quand il s'agit d'Orange-Mali.

A ce niveau, nous retenons que les cartes MALITEL rapportent plus de bénéfices aux revendeurs en termes de vente unitaire, par contre en termes de revenus globaux, ce sont les cartes Orange-Mali qui permettent de réaliser plus de bénéfice, car c'est l'opérateur qui a le plus d'abonnés.

A Douentza, où le marché est moyennement structuré par comparaison avec Bamako, la revente des cartes de recharge est entretenue en quelque sorte par le tout-venant. Tous les boutiquiers, les propriétaires de kiosques, d'étals et même des marchants ambulants s'y adonnent. La structuration d'un tel commerce est fonction des produits offerts : les cartes de recharge classiques et les transferts de crédit.

En matière de vente des cartes de recharge, la figure de quatre personnages a retenu l'attention. Ils ont tous une vingtaine d'années, sont célibataires, de niveau d'instruction et de trajectoire différents. Les deux premiers sont employés par un commerçant résidant à Mopti. Le premier, Samuel Dao, d'ethnie bobo, la vingtaine, décrit sa trajectoire comme suit :

> « J'ai commencé avec un grand commerçant basé à Mopti ville. Il possède plusieurs boutiques de vente de cartes de recharge à Mopti et dans d'autres localités du pays (Gao, Tombouctou, Youwarou, Sévaré, Bandiagara et Koro). Lui-même gère une boutique de produits de beauté au grand marché de Mopti. A côté de cela, il fait le commerce des portables, des accessoires et des cartes de recharge. J'étais d'abord photographe ; je partais faire les photos de ses enfants au cours des fêtes et d'autres cérémonies sociales (baptêmes et mariages). C'est comme cela qu'il m'a proposé de travailler avec lui. Nous sommes nombreux à travailler pour lui ; il nous a payé des Djakarta pour être plus efficace dans l'approvisionnement des clients. En venant à Douentza, j'ai laissé le mien car à vélo, également, je me sens plus efficace à Douentza, une ville moyenne, et n'ai pas de frais de carburant et de réparation de la mobylette »[66].

Etant titulaire du diplôme d'études fondamentales (DEF) et pour subvenir à ses besoins, il accepta la proposition qui lui a été faite d'assurer la relève au niveau d'« *Universelle Communication* » (UC). Une boutique, qui était gérée par Yacouba Ouédraogo, la vingtaine également, permissionnaire pour rendre visite aux siens au Burkina Faso. Après quatorze mois d`absence, Ouédraogo demande de retourner à Douentza et d'y ouvrir une nouvelle boutique. Son argumentaire était que durant son séjour à Douentza, il a su tisser un capital de relations à reconquérir. Malheureusement, il n'avait pas pris en compte des changements intervenus sur le marché local. A l'ouverture de sa boutique, ces faits s'imposèrent à lui comme un effet boomerang. Sans désemparer, comptant sur sa baraka et son savoir-faire, il soutient :

> « Pour le moment ça ne va pas, le marché est très lent, peut être que c'est dû à l'ouverture récente de l'endroit qui n'est pas bien connu par les clients. Entre Samuel et moi, chacun a son compte à part. A Douentza, souvent le marché ça balance, dès fois c'est Orange qui marche et des

[66] Samuel Dao, Douentza, 25/11/2009

fois, aussi, c'est MALITEL. Ce sont les cartes de 1 000 FCFA qu'on vend le plus (30 à 40 cartes/jour) et difficilement, on arrive à écouler 30 cartes de 5 000 F dans le mois en dépôt. Bientôt six ans, je suis dans ce créneau avec un salaire mensuel régulier (20 000 F) sans les frais de logement et de nourriture assurés par le patron ; en plus, nous gagnons des primes, je n'ai pas à me plaindre »[67].

Pour lui, il ne s'agit pas d'entretenir une concurrence inutile avec qui que ce soit, chacun doit préserver sa part du marché suivant sa capacité de vente pour préserver la confiance du patron et garder son emploi, un emploi qui lui permet de soutenir ses parents et de satisfaire à ses propres besoins. Contrairement à Ouédraogo, qui est en train de tout reconstruire, à l'Universelle Communication, Dao se trouve dans une perspective de renforcement des acquis :

> « Ici, ça marche très bien puisque la clientèle y afflue. Je pense que cela dépend de la politique de marketing que nous avons à l'égard de nos clients. C'est surtout l'accueil chaleureux et personnalisé que nous les réservons. Surtout avec le transfert de crédits (Zèrin, pastèque), nous leur transférons la valeur réelle du crédit acheté alors que dans les autres boutiques, pour 100 F de zèrin, le client est amené à payer 125 F et souvent nous faisons des remises à nos fidèles clients »[68].

Les deux commerces font, à la fois, la vente en dépôt et au détail. Leur bonne santé financière est sûrement due à ce fait. Ils fournissent plusieurs détaillants en cartes de recharge avec des remises (6%). Parallèlement, la vente au détail est aussi bien développée chez Dao :

> « Nous vendons les cartes de 1 000, 2 000, 5 000 et 10 000 FCFA et en même temps nous faisons aussi les transferts, autant pour Orange que pour MALITEL. Des remises sont faites pour les détaillants et non avec des clients ordinaires. Ce sont les cartes d'Orange qui marchent plus que celles de MALITEL et surtout celles de 1 000 F. Aussi, les transferts sont plus recherchés encore que les cartes ; certains font des transferts 1 000 F ou au-delà. Pour eux, le grattage et le système de recharge sont lents et souvent compliqués. En moyenne, journellement, je vends 50 000 F en recharge dépôt et 25 000 F en recharge détail »[69].

---

67 Yacouba Ouédraogo, op. cit.

68 Samuel Dao, Douentza, 25/11/2009

69 Samuel Dao, op. cit.

Nantoumé, réparateur et vendeur de cartes de recharge en gros et au détail, dit réaliser des centaines de milliers de francs pendant la seule journée de marché de Douentza (dimanche). Aussi, il relativise quelque peu l'avis de Dao à propos du nombre des grossistes installés dans la localité.

> « J'ai commencé avec les cartes de recharge, nous les prenions avec un grand commerçant de Bamako qui, par la suite, nous a fait confiance. Au début, on les achetait comptant. Maintenant, il nous les donne et ce n'est qu'après-vente que nous lui payons. Au minimum, je peux vendre globalement pendant les jours de marché 400 000 FCFA en gros pour les cartes de recharge. Ceux qui vendent les cartes en gros dans la ville de Douentza sont nombreux mais chacun a ses clients et des fois, on se déplace pour aller les fournir en ville. Pour les cartes de recharge et les transferts (zèrin), on leur envoie seulement de l'argent et ils nous les envoient. Bien sûr que les transferts ont influencé le marché des cartes de recharge. Beaucoup de personnes qui payaient les cartes avant, maintenant, ils préfèrent acheter 200 F de transfert pour résoudre leur affaire et économiser les 800 F sur 1 000 F qu'elles mettaient dans la carte »[70].

En contraste avec Hama Allaye, qui entretient un commerce varié de plusieurs articles (radio, magnétophone, téléphone, cartes de recharge et d'autres produits), Nantoumé a fait le pari des seuls accessoires du téléphone portable, comme d'ailleurs Dao et Ouédraogo, alors qu'il a en outre des rapports privilégiés avec son fournisseur qui n'est plus payé au comptant. Sa « réussite » dépend du fait qu'il allie bien la vente de cartes de recharge avec la réparation des téléphones des marchands forains. Il reconnaît tout de même que les nouveaux produits des opérateurs téléphoniques, et principalement les transferts, ont influé sur le gain engrangé dans la revente des cartes de recharge. Pour lui, ce nouveau produit a introduit une nouvelle manière d'utilisation et de consommation chez les propriétaires de portable et permis aux petits clients de communiquer.

Amadou Goro, un autre revendeur de cartes de recharge et de transfert, également la vingtaine, met l'accent sur le processus d'approvisionnement en cartes sans se déplacer mais donne aussi des

---

[70] Abdouramane Nantoumé, Douentza, 26/11/2009.

détails sur les catégories de cartes achetées et leur durée d'écoulement :

> « Nous faisons nos achats de cartes de recharge avec Jiganet (une société de commerce située derrière l'immeuble Nimaga au grand marché de Bamako). Au départ, mon frère faisait ses achats hebdomadairement mais il ne se déplaçait pas car il a un ami commerçant qui lui apportait la commande. Quant à moi, je leur communiquais la liste de mes commandes (nombre des cartes de 1 000, 2 000, 5 000 et 10 000 FCFA) par téléphone en versant l'argent dans leur compte au niveau de l'agence BIM de Douentza. Un ami de Bamako partait récupérer les cartes à leur bureau pour les expédier via les compagnies de transport (Binké, Bani, Sonef, etc.). Chaque semaine, je fais un achat de cartes de recharge d'une valeur de 200 000 à 300 000 FCFA. Cette somme est répartie comme suit : 300 cartes de 1 000 F (Orange à 250 000 F), 100 cartes de 1 000 F (MALITEL à 80 000 F) qui sont écoulées par semaine ; 100 cartes de 2 000 F (Orange et MALITEL à plus de 150 000 F, vendues pendant un à deux mois) et 50 cartes de 5 000 F (Orange et MALITEL, aussi durant un à deux mois). De toutes les cartes de recharge, ce sont celles de 1 000 F qui sont les plus achetées »[71].

A noter que le commerce de Goro était géré par son frère cadet au moment où il menait des études professionnelles à Bamako. Après avoir décroché son diplôme et effectué des stages de qualification non sanctionnés d'embauche, il s'est résolu à mettre ses compétences au profit de l'entreprise familiale. A son retour, son cadet est parti en migration en Guinée Equatoriale. Ainsi, de tous les revendeurs rencontrés, il est le seul à avoir une plus grande surface financière, ce qui lui permet de faire de grosses commandes avec une structure agréée par les sociétés de téléphonie mobile. Sinon, les moyens d'accéder aux commandes sont les mêmes pour tous les revendeurs. D'autre part, il ne peut prétendre qu'au titre de semi-grossiste quel que soit le chiffre d'affaires qu'il réalise et même en ayant l'exclusivité sur le transfert « *muga-muga* » dans la localité.

Avec la téléphonie mobile et particulièrement le commerce des cartes de recharge, au regard de ce qui a été précédemment décrit, nous pensons que l'essentiel se négocie entre les revendeurs (grossistes, semi-grossistes et détaillants) et les Masters en termes de com-

---

[71] Amadou Goro, Douentza, 24/12/2009

mande. Or, les marchés de Douentza et de Kidal sont devenus frileux en termes de renouvellement d'un seuil de commande, surtout au cours de ces derniers mois où ces régions ont connu l'intrusion de la rébellion et du salafisme ; ces dernières ont été considérées économiquement rétives et donc non solvables. En conséquence, c'est davantage à partir des régions libres que les contacts téléphoniques ont été crédités par transfert pour « les mettre en réseau » (connecter) et faire part des dernières évolutions ou du recueil de l'instantané.

Le transfert de crédit

Dans une étude, Sow et Alissoutin ont relevé des changements intervenus sur le prix du crédit au Sénégal lorsqu'ils écrivent :

> « Le prix minimum des cartes prépayées est de 1 000 FCFA, soit 1,50 euros. Au-delà de ces prix, il est même apparu la possibilité de partager le crédit des cartes prépayées, d'où l'expression wolof « sèddo » qui veut dire ''partager''. Aujourd'hui, le système sèddo qui permet à des jeunes de transférer du crédit à des usagers à des tarifs très bas (parfois 100 FCFA) a pratiquement remplacé le système classique des télécentres. Le système et les coûts de communication sont devenus, par ailleurs, de plus en plus abordables compte tenu de la concurrence »[72].

Si au Sénégal, le terme donné à ce nouveau système de transfert est « *sèddo* » (« partager » en wolof), au Mali, on reconnaît mieux ses caractéristiques en lui attribuant trois termes distincts en *banmanan kan*. Le premier, « *zèrin* » (pastèque), renvoie non pas à l'aspect physique du fruit mais à la façon dont il est consommé, à savoir par tranches, comme pour dire « *on ne communique que par tranche* », vendues sur les marchés ; le deuxième, « *muga-muga* » (« 100 F – 100 F ») fait référence dans une variante dialectale de la même langue à l'action de « sucer », « humecter » ou « lécher » et renvoie aussi à la modestie, à la sobriété dans la consommation, à la disponibilité et à

[72] Papa Sow et Rosnert L. Alisoutin, « TIC et Co développement entre la Catalogne et le Sénégal », in : Mireia Fernandez-Ardévol & Adela RosHijar, ed., Publication Barcelona Conference Communication Technologies in Latin America and Africa : A multidisciplinary perspective, 2010, p. 320 (disponible également sur le net : http://in3.uoc.edu/web/N3/Communo-technologies in -Latin america and-africa/

l'accessibilité du produit (à défaut de 1 000 F de recharge, 100 F est la somme en possession de chaque propriétaire pour être actif sur le réseau) et enfin le troisième, « *nafama* » souligne « l'utilité » d'accès au crédit pour des appels urgents et de première nécessité. C'est à ce propos que nous avons pu soutenir que ce sont ces produits qui assénèrent le coup de grâce aux cabines téléphoniques privées et publiques au Mali (Keïta, 2013 : 129-157).

A défaut d'un véritable marché où la production locale serait consommée en grande partie sur place, au regard de ce que nous avons décrit plus haut, l'économie de Douentza et de Kidal n'est bâtie que sur du capital physique (bétail sur pied et commerce de longue distance astreint aux aléas des échanges) qui s'effondrerait à la suite de la plus petite calamité naturelle. Dans un tel milieu, la consommation ne peut que se limiter au strict minimum. Ce sont surtout les familles qui comportent des membres émigrés, les travailleurs du tertiaire, les transporteurs et les commerçants qui créditeraient plus les téléphones. Ainsi, l'avènement de ces nouveaux produits ne peut être qu'une bouée de sauvetage ou un moyen de maintenir plus de gens connectés sur les réseaux en fonction de leur pouvoir d'achat.

En termes d'analogie à ces produits, un artiste n'a-t-il pas chanté le refrain suivant : « L'achat de la mobylette n'est pas difficile pour un jeune Peul mais c'est plutôt l'assurance quotidienne des frais de carburant qui pose le plus de problème».

En d'autres termes, si beaucoup de personnes s'étaient refusé de se payer un téléphone portable à cause du prix des cartes de recharge jugé exorbitant par rapport aux gains journaliers, aujourd'hui ce handicap n'est plus qu'un souvenir et personne ne se serait étonné de voir un notable se servir de ces produits, comme pour dire que la pauvreté monétaire est ambiante ou que les Peul ont adopté l'esprit du temps : « *débourser sans se montrer* ». Comme la vente des cartes de recharge, les offres de transferts ont fait éclater le marché de la téléphonie mobile en créant des bulles et non des emplois pour nombre de personnes, qui n'ont réellement accès à peu de ressources monétaires que par régulation des modes de consommation qui sont la cause immédiate du déclin des télécentres publics et privés (Keïta, 2013 : 129-157). L'efficacité d'un tel système a poussé certains revendeurs de cartes de recharge et de commerçants détaillants à l'adopter même si le bénéfice ultérieur est insignifiant. Le processus des transferts a fonctionné sur les principes suivants :

> « A l'époque, si un détaillant payait pour 10 000 F, Orange lui gratifiait de 500 F de bonus. Maintenant, le système et le code de transfert ont changé. Le code était composé de 5 chiffres et on procédait comme suit : *111* n° de téléphone * montant du crédit à transférer * 12345 # OK. Maintenant, c'est : *111* n° de téléphone * montant de crédit à transférer * 1 * 12345 # OK. Depuis le changement de code, Orange n'offre plus de bonus sur les transferts. Actuellement, c'est nous même qui offrons des bonus pour entretenir la clientèle. Sur les recharges de 10 000, il y a un bonus de 500 et 1 000 sur celles de 20 000 ; 1 750 F sur celles de 25 000 F. S'il m'envoie 300 000 F de transfert, je le revends à 306 000 F. Je sais que le boss a un intérêt sur chaque transfert qu'il m'envoie. A côté de celui du boss, j'ai, moi-même, une puce de transfert en détail »[73].

Le changement technique dans le mode de transfert et la non effectivité du bonus avaient créé de petits problèmes dans l'exercice avant que les acteurs ne s'y habituent. Cette situation a tout de même poussé certains gérants vers une forme d'autonomisation, à savoir de conserver en main propre l'exploitation de puces au détail. Tel est également le cas pour Ouédraogo ; ce dernier trouve que le système des transferts est très salutaire mais comporterait des risques de perte de gain due au fait que les clients se trompaient de numéro à créditer. Enfin, Amadou Goro chargerait sa puce tous les trois jours jusqu'à plus de 500 000 FCFA de crédit :

> « C'est moi qui ai commencé la vente des transferts 'muga-muga'. Certes, aujourd'hui, je ne suis plus le seul à le faire à Douentza. Mes clients en 'Zèrin' sont : Hama Allaye (Douentza), Demba (Douentza), Issa Pathé (à Boni, son représentant est Kola, son demi-frère à Hama Allaye) et Boura Bahawa Tamboura (à Boni, son représentant est Boula).
>
> Avec le système de transfert qui est un peu ma spécialité, il faudrait noter que mon frère donnait de l'argent à son ami pour qu'il lui envoie du crédit. Dès que j'ai pris les choses en main, j'ai demandé d'avoir leur numéro de compte bancaire pour faciliter les opérations. A chaque fois que j'ai besoin de cartes ou de transferts, je fais un virement bancaire tout en les en informant. Ils étaient nombreux les commerçants de la place (Hama Tamboura, Issa Tamboura, etc.) qui se sont lancés dans le

[73] Samuel Dao, op. cit.

transfert. Ils venaient me donner leur argent pour que je crédite leur compte. Mes activités marchent bien et souvent le week-end, je peux prendre au-delà de 500 000 FCFA »[74].

Si Goro détient le monopole du système de transfert en faisant essaimer son réseau de clientèle dans toutes les contrées du cercle couvertes par le réseau, il n'en demeure pas moins que son activité souffre principalement de la qualité du réseau, chose préjudiciable à son commerce. En matière de transfert, la qualité du réseau est d'un grand atout. Il arrive, certes, que des clients se trompent de numéros, mais les plus grandes pertes ont lieu quand le réseau est défaillant. Le vendeur peut faire des transferts sans recevoir de message lui confirmant la réussite de l'opération. Il est amené à reprendre le transfert et le crédit serait envoyé plusieurs fois alors que l'opération serait réussie depuis le premier essai.

Pour créditer les téléphones, les usagers ou les consommateurs ont le choix entre plusieurs méthodes. En fonction des moyens et des possibilités, ils peuvent payer les cartes de recharge de 1 000 FCFA jusqu'à 25 000 FCFA. A défaut, il y a les systèmes d'abonnement et les transferts de crédit à partir de 100 FCFA communément appelés « *Zérin* » en référence à la pastèque, un fruit venant des régions méridionales du pays vendu par tranches ou en entier. Ce dernier système est très répandu car fonction du revenu des consommateurs. Cependant, les cartes de recharge de 5 000 et 10 000 FCFA sont surtout recherchées pendant les périodes de fêtes et de promotions. Tels sont les avis recueillis auprès des revendeurs de carte et de transfert :

« Bon, c'est lors des fêtes que les cartes de 5 000 et 10 000 F sont recherchées sinon, ce sont les cartes de 1 000 et 2 000 FCFA d'Orange Mali que les gens achètent le plus »[75].

« Les cartes de 5 000 F et 10 000 FCFA sont plus vendues lors des fêtes comme il y a des bonus, il y a aussi des particuliers qui rechargent leur téléphone avec les cartes de 5 000 F. Les classes ne sont pas les

---

74 Amadou Goro, Douentza, 24/12/2009

75 Entretien avec Souleymane Ouédraogo, commerçant, Kidal : Nouveau quartier, 13/01/2009.

mêmes, pour la classe moyenne ce sont les cartes de 1000 et 2000F ou bien le transfert »[76].

Au début, le téléphone portable posait de nombreux problèmes à certains usagers. La plupart d'entre eux, à part les touches « OK » et « Eteindre », ne savaient pas utiliser le reste des touches ni des options. Ils éprouvaient de la difficulté à retrouver un numéro dans le répertoire, envoyer un message, recharger son compte, etc.

> « J'ai, à plusieurs reprises, aidé des clients à créditer leurs comptes. Ici on est en milieu éleveur transhumant, tout le monde n'a pas été à l'école, donc si les gens amènent leurs cartes on les aide »[77].

Après nous être fait une idée de la consommation et des usages, nous avons pris connaissance de la compagnie qui marche le mieux dans la région. Cela s'explique davantage par le fait que c'est elle qui couvre plus de zones et a été la première à s'y implanter. Enfin, il est le lieu de noter que ces vendeurs de cartes sont, en général, des allochtones, ce qui explique la particularité des produits qu'ils vendent : non périssables. Ce sont davantage des migrants ouest-africains en transit à Kidal plutôt que des acteurs ayant investi définitivement un créneau. Ils sont dans l'attente d'un passeur ou s'emploient à gagner un peu d'argent pour se payer le voyage. Ainsi, ils ne peuvent s'embarrasser d'un commerce qui exigerait assez d'investissement, à savoir la location d'échoppes ou de boutiques.

> S'agissant des migrations actuelles à travers le Sahara, Bredreloup et Pliez se situent dans une perspective historique de longue durée pour les mettre en relation avec la constitution des agglomérations qui deviennent des lieux de répit, de transit ; aussi, ils saisissent les formes de mobilité qu'adoptent désormais les éleveurs transhumants face aux contingences de l'heure :
>
> « La construction de l'espace migratoire saharo-sahélien ne peut s'expliquer par la seule filiation avec les routes séculaires du commerce précolonial transsaharien. Sa genèse est, en effet, étroitement liée à l'histoire récente de la région, des indépendances (années 1950 et 1960), aux cycles de sécheresses du Sahel (années 1970) puis aux guerres qui ont secoué la zone (années 1970-1980) et enfin aux différentiels de

---

[76] Entretien avec Yigo Djetawendé, commerçant, Kidal : Nouveau quartier : 13/01/2009.

[77] Entretien avec Yigo Djetawendé, op. cit.

développement entre les versants maghrébin et sahélien du Sahara. Deux types de mouvements, encore peu connus, en ont découlé. D'une part, de nombreuses communautés de pasteurs ont cherché dans l'émigration des compléments à leurs revenus durablement amputés en partant notamment travailler sur les chantiers ou les sites d'exploitation des hydrocarbures ; d'autre part, plusieurs dizaines de milliers de réfugiés se sont installés dans des camps aussi bien en Libye qu'en Algérie, lesquels progressivement se sont transformés en villes. Nombre de ces éleveurs transhumants sont devenus, par la suite, transporteurs. Ils convoient aujourd'hui tant les hommes que les marchandises, se branchant avec aisance sur l'actualité des flux migratoires. Ils créent ce qu'on appelle localement des " agences de voyage " et font transiter les candidats à la migration à bord de camions bâchés ou de pick-up, contribuant à l'essor des villes de transit (...). C'est donc de ville à ville que les éleveurs transhumants d'hier sont devenus les acteurs des mobilités d'aujourd'hui. Leur dispersion entre plusieurs États, conjuguée à l'urbanisation massive des cités du Sahara central, a favorisé l'émergence d'un dispositif diasporique à la charnière saharo-sahélienne. Une fois mobilisé, le cadre tribal s'est redéployé dans un espace transfrontalier pour devenir en quelques années le nœud d'un espace transnational à cheval entre l'Afrique du nord et l'Afrique subsaharienne »[78].

Toutefois, il y a lieu de relativiser une telle affirmation. La détention ou pas du téléphone est une question de volonté, de nécessité et de besoin. Si on se met dans le cadre du seul besoin, un paradoxe devient plus qu'apparent, si ce n'est en termes de jugement de valeur :

> « C'est celui qui ne veut pas l'avoir seulement, sinon tout le monde y a accès ; on a vu des femmes de ménage qui ont des téléphones, on a vu les gens qui en ont le moins besoin, c'est-à-dire les enfants, qui ont des téléphones »[79].

La femme de ménage à Kidal n'est plus l'ancienne esclave. C'est plus la fille ou la femme dogon qui a décidé de ne plus monnayer son savoir-faire dans les foyers du « Sud » où elle travaille durement pour être moyennement payée (Bouju, 2005 : 31-56), contrairement à Kidal, où elle est payée au minimum 15 000 FCFA par mois avec une autonomie de résidence et un travail moins astreignant. Aussi, elle se

---

[78] Sylvie Bredreloup et Olivier Pliez, *Migrations entre les deux rives du Sahara*, Editorial, Revue *Autrepart*, Armand Colin – IRD, n°36 ; http://www.autrepart.ird.fr/editos/edito36.html, 2005.

[79] Entretien avec Hassan Ag Ahmad, Kidal : Etambar : 10/12/2009.

doit de maintenir le contact avec l'époux ou les parents restés au village, qui d'ailleurs aura eu son réseau avant celui de Kidal.

Photo 3.16 Une demoiselle jouant avec le téléphone de son père dans le vallon d'In-Acholagh où leur campement était installé au moment de notre passage, 18/12/2009 (cliché Youssouf Ag Rhissa).

S'agissant des enfants, il y a lieu de relever que ce n'est pas parce qu'ils veulent communiquer, mais que les parents leur ont payé l'outil qui sert de moyen de contrôle en quelque sorte et de moyen de rationalisation du temps. Par exemple, en accompagnant l'enfant à l'école, ce qui est le cas pour nombre de parents, d'autant plus que Kidal s'urbanise et que, les distances devenant plus longues, il y a lieu de le ramener à la maison après les cours, etc.

En dépassant, par exemple, le seul but de communiquer, l'outil présente d'autres applications non utilisées par les parents et il se trouve que les enfants en sont devenus experts : jouer de la musique, prendre des photos, etc. Aussi, le téléphone est utilisé pour briser la solitude car il joue le rôle de magnétophone à travers l'écoute de la musique préalablement téléchargée et celui d'appareil photographique. C'est ce qui est appelé communément : « *inhimatahi*, regardez-moi » qui renvoie à une forme de consécration sociale (« le m'as-tu vu »). Telle est la substance du témoignage de Thilo Von Pape : « *Conçu originellement comme un outil de communication vocale réservé aux professionnels, le portable est devenu un gadget de mode qui sert à envoyer des texto, à écouter de la musique, à échanger des photos et depuis peu à regarder la télévision* » (2007 : 1).

L'écrit, également, a été l'une des plus grandes formes d'appropriation observée dans ce milieu. Les usagers commencent à s'intéresser aux alphabets étrangers tels que le français, l'arabe et l'alphabet phonétique international (API) utilisé pour transcrire la *Tamashaq*. Dans la pratique, ils ont trouvé dans le clavier des téléphones des caractères spéciaux qui ont des équivalences en *Tifinagh*. Ainsi, les messages, les noms dans les répertoires sont écrits dans cet alphabet connu par la presque totalité des éleveurs.

> « Les gens ont utilisé le téléphone de sorte qu'ils ont pu y écrire des SMS en tifinagh, sans qu'il n'y ait un clavier tifinagh dans aucun téléphone. Par exemple, la plupart des noms de mon répertoire sont écrits en tifinagh. Je ne suis pas le seul dans ce cas, essayez de voir chez toutes les personnes que vous connaissez dans le milieu qui ne soient pas lettrées, vous serez étonné de constater que ce que je dis est vrai »[80].

L'appropriation du téléphone portable se manifeste, également, quand ils s'essayent à l'écrit, la nécessité d'enregistrer les contacts les y obligeant, ou quand l'appareil devient une montre ou encore une calculatrice.

---

[80] Entretien avec Sidi Mohamed Ag Mossa dit 19, commerçant/ éleveur, à Kidal.

> « C'est vrai qu'il est porteur d'un savoir, d'une instruction, ça a permis aux gens d'avoir une expérience dans le domaine de la communication. On les utilise pour les calculs, pour regarder l'heure, et il a incité les gens aussi à s'intéresser à l'écrit, en français, en arabe… »[120].

Laissant de côté les thèses de l'école anthropologique du diffusionnisme qui soutiennent que l'homme n'est pas créatif parce que le processus inventif est très rare chez lui ; dans le cas qui nous intéresse on pourrait difficilement parler du contexte des contacts interculturels pour établir la généalogie de la séquence de l'appropriation du téléphone chez le pasteur transhumant, et circonscrire le « foyer culturel » dans lequel aurait émergé cette appropriation du téléphone portable.

Le tableau ci-dessous essaye de dresser les équivalences et leurs sens en français, le tout appuyé par des exemples de cas.

En résumé, la culture technique ne peut se limiter à un modèle fonctionnel mais nécessite un fonctionnement compatible avec les contraintes régionales, politiques, économiques, géographiques, culturelles, etc.

Réparation des téléphones portables

A l'image de nombre d'activités advenues à la suite des progrès techniques, la réparation des téléphones portables a été très tôt perçue comme un créneau porteur, tout comme le commerce des téléphones, des puces et de cartes de recharge. Celui de la réparation n'obéit pas à une antériorité de la pratique ou à une formation spécifique. Ce créneau est lié davantage à une économie de la débrouille. Les figures rencontrées proviennent de divers horizons : des vendeurs d'habits ou de produits de beauté pour femmes tels que les pommades, des diplômés sans emploi ou d'autres acteurs exerçant dans des activités en perte de vitesse telles les réparateurs de montres, de radio cassettes, de téléviseurs, de magnétoscopes et de lecteurs VCD/DVD, qui se sont reconvertis dans le domaine de la réparation des téléphones portables.

Tableau 3.1 Equivalence des lettres *Tifinagh* dans le clavier du téléphone

Caractères spéciaux	*Tifinagh*	Français	Exemple de mot	Transcriptions	Traductions
.	A	A	Aman	Aman	L'eau
Ø	B	Ab	Aba	Aba	Père
@	S	As	Susim	Susim	Tais-toi
V	D	Ad	Dihad	Dihad	Ici
S	I	Ay	Ay	Ay	Laisse !
I ou][	F	Af	Tifawt	Tifawt	Matin
8	C	Ach	Ac	Ach	Dépaisser
:.	K	Ak	Kidal	Kidal	Kidal
II	L	Al	Lumit	Lummit	Rougeole
[	M	Am	Mas	Mas	Sa mère
|	N	An	Nak	Nak	Moi
:	U	Aw	Awin	Awin	Monte !
O	R	Ar	Ahara	Ahara	Terre salée
+	T	At	Tamat	Tamat	Femme
#	#	Az	a#awd	Azawad	Azawad
::	X	Ah	Maxamad	Mahamad	Mahamad
...	Q	Aq	Aqilas	Aqulas	Attends-le
E	E	ḍ	aD :	Aḍu	Le vent
Ï	Ï	Ag	aÏ	Ag	Fils de

Plusieurs études réalisées font mention du considérable réservoir de création d'emploi des NTIC. Cependant, il faut préciser qu'il ne s'agit pas d'emplois créés directement par des opérateurs de téléphonie ou des autorités politiques mais plutôt sous l'effet de l'imagination de certains acteurs sociaux. Abdou Touré en dresse le contexte suivant :

> « 'Les inventeurs de petits métiers' qui scrutent la vie quotidienne (...). Ces besoins, non pris en charge par le secteur dit formel (moderne), sont exploités par le secteur informel de façon intelligente dans l'optique de l'accumulation de capital qui fait défaut » (Touré, 1985 : 290).

Et Annie Chéneau-Loquay d'ajouter :

> « Le secteur des NTIC est fortement créateur d'emplois actuellement pour des centaines de jeunes (médiation dans le cyber, vente et réparation de téléphones, vente des cartes de recharge téléphonique et même des services de recharge électrique) » (2010 : 3).

Photo 3.17 Une cabine de réparation de téléphone portable à Magnambougou en commune VI, déc. 2009 (cliché Seydou Magassa).

A Bamako, comme on l'a déjà mentionné plus haut, les réparateurs de téléphone ont pris d'assaut toutes les rues adjacentes du siège de MALITEL et continuent de s'étaler aux alentours du centre commercial et même dans les quartiers, quasiment tous les lieux fréquentés par les usagers. A notre avis, il est plus judicieux d'appeler ces acteurs des « réparateurs-vendeurs de téléphones d'occasion » car ils vendent des téléphones d'occasion qu'ils obtiennent soit auprès de clients venus pour une réparation qui changent d'idées pour diverses raisons, soit auprès d'autres personnes. Les propos d'un réparateur à Bacodjikoroni en témoignent :

> « Souvent, il y a des gens qui achètent des téléphones mobiles et après ils ne les veulent plus. Ainsi, ils nous les amènent pour qu'on les revende. Je les achète à un bon prix pour attendre un « bon » acheteur. Aussi, il arrive que des gens nous amènent d'anciens téléphones qui ont souvent des pannes. Je les achète à un prix qui m'arrange pour les revendre après réparation. Parfois j'achète même des téléphones qui refusent d'être réparés. C'est « gagné - gagné ou perdu - perdu ». De toutes les façons,

on fait tout pour rattraper ailleurs en utilisant les pièces des téléphones irrécupérables pour réparer d'autres. C'est comme ça qu'on travaille »[81].

A noter que les réparateurs sont dans leur grande majorité des jeunes urbains souvent diplômés sans emploi, mais aussi d'anciens réparateurs de télévision et de radio, ou bien des expatriés originaires de France, des « ivoiro-maliens » et des gens de bien d'autres nationalités (camerounaise et chinoise).

Une formation sur le tas

Selon les récits recueillis et suivant les observations faites, les réparateurs, en règle générale, n'ont pas reçu de formation spécifique ou professionnelle digne de ce nom. Les acteurs, pour la plupart, ont appris sur le tas, c'est-à-dire en bricolant : *« je n'ai pas suivi de formation spécifique, j'ai appris la réparation des portables par témérité »*[82].

> « Vous savez, le téléphone mobile est venu au Mali il n'y a pas très longtemps. Donc en vérité, il n'y a pas de vraie formation dans ce domaine. C'est au fil des tentatives de réparation que la peur se dissipe petit à petit, les appareils qu'on nous amène, on les ouvre et avec le temps, l'assurance s'acquiert. Sinon en réalité, il n'y a pas de formation spécifique »[83].
>
> « Je n'ai pas suivi de formation ; d'abord j'en vendais et faisais les réglages de téléphones pour les gens et j'en ai profité pour devenir réparateur »[84].

Les contraintes de la pratique

Le problème récurrent auquel sont confrontés les réparateurs est le taux élevé des échecs au cours des réparations, ce qui reflète les écueils du métier. Les clients le confirment par divers témoignages et ne sont très souvent ni « tolérants » ni « magnanimes » envers eux. En conséquence, ces tâtonnements aboutissant souvent à des contrariétés,

[81] N.T., Bacodjikoroni en commune V, 22/11/2009.
[82] B.T., Badalabougou en commune V, 19/11/2009.
[83] S.D., Magnambougou en commune V, 25/10/2009.
[84] B.N., Bacodjikoroni en commune V, 22/11/2009.

s'ensuivent alors des réclamations et exigences de remboursement qui se font soit en nature soit en argent.

> « Certains clients ne sont pas « faciles » et d'autres sont très « difficiles ». C'est ainsi qu'il arrive que nous payions des téléphones sous l'exigence des propriétaires qui trouvent qu'on a gâté leurs téléphones portables plutôt que de les avoir réparés ; cela arrive souvent. C'est toujours comme ça avec les appareils électroniques, il suffit que vous fassiez un faux pas et c'est fini » ![85]
>
> « Dans tous les travaux, il y a des difficultés comme des avantages. Souvent, on fait des réparations qui marchent bien tandis que d'autres ne marchent pas bien, donc on a des palabres qui tournent souvent mal. Quand la réparation ne marche pas, il y a des gens qui disent que ça va, par contre certains disent de chercher un autre pour eux, tandis que d'autres exigent le payement pur et simple »[86].
>
> « C'est un métier à risque. Le risque d'échec est élevé. C'est la technologie, elle trahit souvent. En ouvrant simplement un appareil, il peut refuser de se rallumer même en faisant le tour auprès d'autres collègues. La personne qui l'a ouvert est directement prise pour responsable alors qu'en réalité elle ne l'a pas fait exprès. C'est le propriétaire de l'appareil qui doit comprendre, mais tel n'est pas le cas dans bon nombre d'occasions. J'ai payé des téléphones, et pas une seule fois. Très souvent, ce sont des gens que vous « arrangez » qui ne vous pardonnent pas quand la réparation échoue. C'est là que j'ai compris qu'en matière d'affaire il n'y a pas d'arrangement. Tous les cas de payement que j'ai fait étaient avec des gens que j'« arrangeais ». Il faut faire son travail et défendre son intérêt, c'est tout »[87].

Ces quelques exemples sont indicatifs des cas d'échecs suivis de remboursement auxquels sont exposés les réparateurs. Face à cette situation, ils ont opté pour des stratégies d'adaptation et d'évitement des contentieux ou récriminations des clients.

Stratégies d'adaptation

L'être humain, dans sa vie quotidienne, développe des stratégies d'adaptation lui permettant d'éluder certaines difficultés pour assurer sa survie ou améliorer ses conditions de vie. Ici, « *la notion d'adaptation désigne en fait les différentes stratégies que l'homme a*

---

[85] B.T., Badalabougou en commune V, op. cit.

[86] V.S., Badalabougou en commune V, 19/11/2009.

[87] S.D., Magnambougou en commune VI, 27/10/2009.

inventées (...) pour faire face aux contraintes à la fois sur la reproduction de ses ressources et sur la sienne propre » (Godelier, 1984 : 14). En la matière, les réparateurs de portables au Mali ne sont pas en reste, car ils ont développé tout un arsenal de stratégies leur permettant de tirer leur épingle du jeu. C'est ainsi que des stratégies d'évitement et de collaboration ont été initiées ou développées par les acteurs de la réparation. En effet, comme on l'a déjà noté, il existe en réalité très peu de gens qui s'en sortent bien dans la réparation, tout le reste étant des « bricoleurs ». Signalons qu'avant nous, cette réalité avait été décrite dans un article de journal[88] qui faisait référence aux réparateurs de Sikasso, l'une des grandes villes du Mali : « *Dans la capitale du Kénédougou*[89] *les dépanneurs sont légion, allant des bricoleurs aux techniciens maîtrisant l'outil informatique* ». Ces « bricoleurs » n'entendent pas sortir bredouille de l'affaire du moment que les clients exigent le plus souvent le remboursement en cas d'échec ; ils vont vers ceux qui maîtrisent le mieux quand la panne s'avère compliquée. Ces faits sont étayés par les propos recueillis :

> « Il y a assez de pannes que je ne peux réparer. J'ai un ami à Malitel da qui est très fort. Donc, si je n'arrive pas à réparer une panne je la lui amène et en même temps, je le suis de très près. Ainsi si je reviens, à mon tour, j'essaie de voir comment il a procédé pour que je puisse maitriser le schéma »[90].

Ce discours témoigne du recours des réparateurs à d'autres collègues censés mieux maîtriser la réparation. Une telle situation permet en soi de diminuer les risques.

> « Il y a des pannes sur lesquelles je ne me hasarde pas, comme les pannes de moteurs. Là, je laisse partir le client »[91].

Ce témoignage étaye clairement l'idée d'évitement comme stratégie pour éluder les contrariétés. Lors d'un de nos multiples entretiens

---

[88] F. Diabaté, « La réparation des téléphones portables : un créneau maîtrisé à Sikasso », in : *Mali ntic.mht.* du 09/12/2008.

[89] Kénédougou est une expression locale qui désigne la ville de Sikasso. Par ailleurs, elle signifie la ville des fruits et des légumes frais (traduction littérale).

[90] N.T., Bacodjikoroni en commune V, 23/11/2009.

[91] A.T., Sogoniko en commune VI, 06/12/2009.

avec les réparateurs, nous avons assisté à une scène qui s'est déroulée dans le quartier de Banankabougou en commune VI du district de Bamako. Une dame vint remettre à notre hôte son téléphone pour un problème de « perte de réseau », c'est-à-dire qu'elle n'était pas joignable selon l'expression consacrée. Et, après s'être escrimé pour trouver « une solution », il lui remet le téléphone. Et la dame de lui dire : « *ça fait combien ?* » et S. D. de répondre : « *Allez-y l'essayer d'abord, si c'est ok, on verra* ». Comme si notre réparateur savait que la dame allait revenir pour le même problème. Curieusement, une vingtaine de minutes plus tard, elle revint en effet pour dire qu': « *A la maison, ça ne marche pas* ».

A l'image de ces deux exemples, nombre de réparateurs adoptent la posture de la prudence et refusent de prendre des honoraires avant la confirmation de la réussite de la réparation. C'est pourquoi, en vue de saisir au mieux ces stratégies, nous nous sommes intéressés à d'autres lieux spécialisés. Au marché de Badalabougou, un quartier de la commune V du district de Bamako, nous avons relevé un exemple de collaboration ou d'entraide entre les réparateurs. En fait, nous avons découvert des réparateurs qui se « sauvent » mutuellement. B. K. est un réparateur qui maîtrise parfaitement, dit-on, les pannes de moteur, et M. T. est un spécialiste des rubans. Ainsi quand M. T. a un client dont le moteur du téléphone a un problème, il sollicite l'intervention de B. K., et quand il s'agit d'une panne de ruban, l'ascenseur lui est renvoyé.

> « Il y a des pannes qu'on n'arrive pas à réparer. En réalité, le ruban est la spécialité que je maîtrise réellement. Il y en a un autre là-bas qui s'appelle B. K., il est plutôt fort dans la réparation des moteurs. Quand ce dernier n'arrive pas à réparer un ruban, il me l'amène, de même quand nous n'arrivons pas à réparer un moteur, à notre tour, c'est lui qu'on sollicite. C'est comme ça qu'on travaille »[92].

Ce discours confirme bien l'existence de véritables réseaux où autant les bricoleurs que ceux qui ont la maîtrise technique trouvent leur compte.

[92] M.T., Badalabougou en commune V, 19/11/2009.

La réparation du téléphone portable est, a priori, un secteur moyennement investi par rapport à ceux de la vente de téléphone, de cartes de recharge et de transferts de crédit dans le cercle de Douentza. Suivant les milieux parcourus, nous n'avons pu nous entretenir qu'avec une seule personne, qui du reste est revendeur de cartes de recharge, qui maîtrise et est reconnu dans le domaine. Par ailleurs, à Serma, Amadou Hamadou Boura Diallo se déclare être réparateur de téléphone parce qu'il s'y connaît dans le secteur des radios et des montres. Ici, c'est le cas d'Abdourahamane Nantoumé qui a retenu l'attention parce qu'il est reconnu comme étant le seul « spécialiste » et disposerait du minimum de matériel de travail pour l'exercice du métier. Comme les deux vendeurs de l'Universelle communication, il serait le gérant d'un commerce dont le propriétaire est un opérateur économique, résidant à Bandiagara :

> « La boutique ne m'appartient pas, elle appartient à mon collaborateur de Bandiagara (ami et frère). La gestion se passe bien. A chaque fois qu'il est là, c'est pour faire le bilan et sachant les bénéfices et les pertes, nous nous partageons les intérêts. Il n'y a pas de salaire mensuel entre nous. Je me débrouille dans le dépannage ou dans la réparation des téléphones. Tous les accessoires et téléphones portables dans la boutique sont sa propriété, mais le dépannage est pour moi »[93].

Nantoumé serait un passionné des TIC depuis son enfance qui n'hésite pas à parfaire ses connaissances dans la réparation des téléphones portables, dès que l'occasion se présente.

> « (...) J'ai passé trois mois de formation en réparation de téléphone chez un professionnel (P.K.). Celui-ci a eu à faire des études en technologie de l'information et de la communication. Il est installé devant *Malitel da* et gagne bien sa vie. Mais avant que je n'aille à Bamako, je faisais le business du téléphone c'est-à-dire l'achat et la vente des téléphones d'occasion et c'est ce qui m'a motivé à m'engager davantage dans le domaine. Ce travail m'a beaucoup apporté sur le plan financier. C'est grâce à un ami même que je suis engagé dans cette activité. Il officiait dans la vente des cartes de recharge à Bandiagara et il m'a demandé de travailler avec lui. C'est comme ça que je me suis retrouvé à Douentza. Comme on a grandi ensemble, à un moment donné, je suis parti à Sévaré

---

[93] Abdouramane Nantoumé, Douentza, 26/11/2009.

pour étudier la comptabilité. C'est lors de mes courts séjours lors des congés à Bandiagara que j'ai commencé la réparation des portables »[94].

Pour paraphraser un des classiques en économie (David Ricardo) : « *si une denrée est rare, elle est censée être chère ?* ». Si cette assertion traduit mieux la situation de Nantoumé, il soutient que ses émoluments sont fonction de la bourse du client et de l'étendue de la panne. Aussi, dans son travail au quotidien, il dit accepter certains arrangements en prenant peu d'argent, et certains réglages sont effectués gratuitement. Il regrette, également, l'envahissement du marché par des « chinoiseries » moins chères, et le fait que nombre d'usagers, au lieu de faire réparer les téléphones en panne choisissent désormais de les échanger simplement ou de s'en acheter un autre. Si le milieu de la réparation à Bamako est investi par des natifs de ce lieu ou d'autres localités du Mali, d'Africains et même de Chinois, à Douentza, c'est la figure de l'étranger qui émerge, contrairement à Kidal, où ce sont les natifs qui officient. Il s'agit d'Abdoul Aziz Ag Mohamed et Hamane Tikane Ag Ahiyoya, deux acteurs présentant des trajectoires assez singulières :

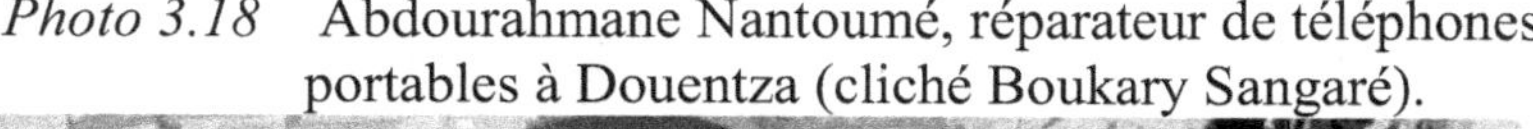

Photo 3.18 Abdourahmane Nantoumé, réparateur de téléphones portables à Douentza (cliché Boukary Sangaré).

[94] Abdouramane Nantoumé, op. cit.

> « Avant, j'étais dans l'habillement et dans la vente des cosmétiques; des produits qui n'ont rien à voir avec le téléphone portable. Entre temps, je passais chaque matin chez un ami qui vendait des accessoires et réparait les portables. C'est avec lui que j'ai commencé la vente des portables « seconde main ». C'est comme ça que j'ai commencé à m'insérer un peu dans le créneau, à m'y intéresser, (...) »[95].

Ils n'ont pas suivi de formation relative à ce métier, mais ont tout appris sur le tas. Ils faisaient autre chose avant de se lancer dans ce domaine. Alhassane Ag Illjimit est originaire de Kidal, il ne vend que les Thuraya et leurs accessoires, qu'il achète auprès des Arabes de Gao. Ils ont en commun d'avoir exercé dans le commerce général avant de se lancer dans celui de la téléphonie mobile.

> « Il y a une grande différence entre les activités parce que les produits ne sont pas les mêmes. La première (activité) c'était l'habillement et les cosmétiques ; or le téléphone, c'est autre chose parce que ça fait partie des innovations. Les gens s'y intéressent tellement jusqu'à ce que certains s'identifient à leur portable. Aussi, le portable représente la mémoire courante de nos jours et également un objet intime »[96].

Au-delà du gain monétaire, c'est l'acquisition d'un savoir-faire qui devient une valeur ajoutée :

> « La différence est qu'avec le téléphone portable on apprend, il y a le savoir que tu peux avoir, ce n'est pas comme dans le commerce simple où seul le gain empoché compte. Avec la réparation des téléphones, on a les deux ensemble, le savoir, la compréhension et une autonomie financière »[97].

Mais l'essentiel pour eux, c'est qu'ils gagnent de quoi vivre. C'est le changement de leurs conditions de vie qui est important. La réussite dans ce domaine s'explique par le fait qu'à Kidal les réparateurs ne sont pas nombreux par rapport aux besoins des populations. Il y a de plus en plus de nouvelles marques de téléphones qui arrivent et très peu de réparateurs les connaissent. La pratique de cette activité fait

---

95 Entretien avec Hamane Ag Ahiyoya, réparateur, Kidal : Nouveau quartier : 07/12/2009.

96 Entretien avec Hamane Ag Ahiyoya, réparateur, Kidal : Nouveau quartier : 07/12/2009.

97 Entretien avec Abdoul Aziz Ag Mohamed, réparateur, Kidal : Nouveau quartier : 27/11/2009.

d'eux des gens utiles dans la société, et pour certains ils ne sont plus vus comme des « techniciens » qui apportent seulement leur expertise, ils contribuent une valeur ajoutée à l'économie locale par le paiement des taxes communales et la location mensuelle des échoppes qui leur servent de boutique ou d'atelier, toutes choses qui font qu'ils sont acceptés, et cela quel que soit par ailleurs leur rang social.

Photo 3.19 Hamane Tikane Ag Ahiyoya, réparateur de téléphones et vendeur d'accessoires, dans son atelier boutique à Kidal, 14/02 2010 (cliché Youssouf Ag Rhissa).

> « Je peux certifier cela, par mon pouvoir d'achat, parce que je peux être utile, je suis devenu utile dans la société, du moment que je travaille et que je gagne un peu, j'arrive à aider les autres que cela soit au niveau de la famille, des proches, des amis. Aujourd'hui je peux dire que je suis utile car je peux aider quelqu'un ne serait-ce que pour un problème d'argent, ou quelqu'un qui a besoin d'un téléphone portable, je peux lui en offrir un »[98].

Le changement de conditions de vie se manifeste à plusieurs niveaux : d'abord le métier de la réparation est une technique porteuse

[98] Entretien avec Hamane Ag Ahiyoya, réparateur, Kidal : Nouveau quartier : 07/12/2009.

d'un savoir permettant à son titulaire de découvrir de nouvelles choses et en même temps de « subvenir », à ses propres besoins et à ceux des autres.

> « Bien sûr grâce à Dieu, ça m'a beaucoup aidé à améliorer ma condition de vie dans deux cadres différents, ça m'a permis d'avoir accès à la connaissance et de gagner bien ma vie. Je suis reconnaissant envers ce métier. J'ai eu à travailler avec beaucoup de gens et vice versa. Si le téléphone de quelqu'un tombe en panne, il peut m'appeler pour me demander si c'est réparable ou pas. Les gens ont su que je répare bien les téléphones portables, j'ai eu beaucoup de connaissances, je travaille avec les vendeurs d'accessoires, etc. »[99].

La lecture que fait l'acteur de sa situation et de la perception qu'il a de son environnement consacre l'estime de soi, de son désir de changement et d'être reconnu par les siens :

> « Dans la société quand on devient utile, le regard des autres peut changer de manière positive, quand on prend les responsabilités ou quand on s'engage, on devient un peu important. Quand on est rentable, c'est-à-dire d'une façon ou d'une autre quand on est productif, au moins on passe d'une étape à une autre »[100].

Ce regard n'est pas toujours positif vis-à-vis des réparateurs de téléphones comme d'ailleurs c'est le cas pour tous les ouvriers et surtout si les clichés « ethniques ou catégoriels » entrent en jeu. Certains groupes sociaux acceptent difficilement que le créneau de la réparation soit investi par une autre personne estampillée à ne pas être autre chose qu'éleveur transhumant, car ne s'y « connaissant » pas ou sous-estimant les capacités des autres :

> « On ne me le dit pas, mais je le lis, je vois les jeunes surtout chez ceux qui ne sont pas Touareg. Les Bambara, les Sonrhaï, parce que c'est un travail qu'ils attribuent aux siens pas à un Touareg parce qu'ils (les Touareg) ne sont pas dans ce domaine. Quand ils me voient assis, un jeune Touareg avec le turban, il y a des gens qui ne me font pas confiance et disent souvent : ''donne mon téléphone ! Il va tout foutre en l'air ! Où est-ce que t'as connu ça ?''. Chez les jeunes Touareg, aussi, certes, il y a certains qui m'encouragent et me félicitent car je suis un exemple pour les autres, mais d'autres me disent pourquoi tu fais ça, c'est un travail de

[99] Entretien avec Abdoul Aziz Ag Mohamed, op. cit.
[100] Entretien avec Hamane Ag Ahiyoya, op. cit.

jeunes mous. Rien que le fait que je parle la langue (tamasheq), c'est un atout »[101].

La réparation du téléphone permet une réinsertion sociale qui se traduit par des rencontres et de nouvelles amitiés. Quand les individus convergent vers les mêmes milieux ou ont les mêmes centres d'intérêt, il va de soi que les rapports interpersonnels et même sociaux vont changer, de même que les visions, les appréhensions fussent-elles ataviques.

> « Les gens qui me connaissent avant, savent que le téléphone portable n'est pas ma première activité ; maintenant qu'ils l'ont su, je travaille avec eux. Le travail du téléphone m'a permis de connaître des gens que je ne connaissais pas avant. Je me suis rendu compte que je ne perds rien, plutôt c'est un gain pour moi : j'ai gagné le savoir, la connaissance d'autres personnes »[102].

Le travail dans un tel créneau ne peut qu'aboutir à des révélations, surtout dans un milieu où, à défaut d'être fonctionnaire ou dans les corps para-militarisés comme cela a été le cas récemment pour les jeunes, les activités les plus valorisées socialement et culturellement, les plus en vue et les plus appréciées tournent autour des activités pastorales, de la mécanique auto ou du métier de chauffeur-guide de 4x4 (L 200). Le travail de la réparation des téléphones qui s'est récemment introduit n'est pas un domaine de prédilection pour nombre d'entre eux. Certes, la réussite de certains pourra faire tâche d'huile dans un environnement où la transhumance se conjugue davantage au passé face aux aléas climatiques de plus en plus rudes, autant pour le bétail que pour les hommes, avec en sus la montée du chômage des jeunes qui battrait des records ; alors, on pourra dire que c'est un travail tout comme les autres et qu'il est à la portée de quiconque voudrait s'y investir.

> « Personnellement, je suis le premier jeune Touareg qui a fait ça, ici, et je suis toujours le seul. Bon ! Je peux dire que beaucoup de frères ont envie de faire comme moi, mais ils n'ont pas eu l'opportunité encore »[103].

---

[101] Entretien avec Hamane Ag Ahiyoya, op. cit.

[102] Ibidem.

[103] Ibid.

Aujourd'hui, malgré la marge de bénéfice qu'ils réalisent, l'autonomie que la pratique de l'activité consacre et le développement de leur réseau de connaissances, nombre de réparateurs regrettent, à l'image de Nantoumé, tout comme Dao, Ouédraogo et bien d'autres, d'avoir abandonné leurs études.

A ce niveau de la réflexion, nous relevons un paradoxe entre les gains réalisés, de par les activités menées, et le regret exprimé par ces personnes de l'abandon des études. Est-ce à dire que leurs occupations seraient à leurs yeux sans avenir et s'inscriraient dans l'économie de la débrouille dont la durée de vie ne dépasserait guère celle des bulles issues d'une plonge quelconque?

La recharge des batteries

A Bamako et à Douentza ville, nous n'avons presque pas pris en compte la question de la recharge des batteries comme objet de recherche, simplement il faut considérer que le chef-lieu de Douentza est électrifié depuis plus d'une quinzaine d'années. L'ancien quartier où se trouvaient les premiers habitants de la ville, communément appelé *Saare*, situé au sud du marché, représente une exception. Ce quartier serait, à présent, habité essentiellement par des démunis n'ayant pas les moyens de payer les factures d'électricité.

Si à Douentza ville, la question de la recharge des batteries ne se pose pas fondamentalement, certains habitants comme ceux de *Saare* recourent encore à des tiers en ville pour faire la recharge des batteries, qui chez un ami, qui chez un collaborateur abonné à l'EDM SA. Malgré cela, nous avons trouvé quelques boutiquiers qui offrent leur service à certains habitants de *Saare* ou des villageois des alentours lors des jours de foire à un prix variant entre 100 et 150 FCFA.

A Boni, le système de recharge des batteries est sensiblement différent de celui de Douentza. Ce chef-lieu de commune rurale est également électrifié par l'Agence Malienne d'Electrification Rurale (AMADER) à travers une distribution non continue. L'accès à cette source d'énergie n'est possible qu'entre 12 h et 14 h dans la journée et de 18 h à 23 h dans la soirée. Il faut noter qu'ici les abonnés ne sont pas aussi nombreux du fait que tout le monde n'a pas les moyens de payer la facture à la fin du mois, qui s'élève à 7 500 FCFA par foyer.

Aussi, la capacité du groupe (nombre de kwh) serait insuffisante pour fournir tous les foyers. Ainsi, un grand nombre de personnes n'ont que deux possibilités pour recharger leurs batteries : soit elles apportent la batterie chez l'un des trois boutiquiers connus dans le village[104], soit elles profitent de l'amabilité de voisins, d'amis, d'anciens maîtres, d'esclaves affranchis ayant souscrit un abonnement à l'AMADER pour faire la recharge de leurs batteries pendant la nuit.

D'autres personnes profitent de leur situation de marginalité et d'appartenance à une couche démunie pour trouver certaines faveurs auprès de leurs anciens maîtres, entre autres.

A ce niveau, suivons les conditions de recharge des batteries chez Bura Bahawa Tamboura, le principal chargeur, vendeur de produits liés au téléphone:

> « La recharge des batteries se fait de deux manières et à des prix différents : soit avec le panneau solaire avec des batteries, soit avec le groupe électrogène qui fonctionne avec du carburant (700 FCFA/litre). La charge avec le premier coûte 100 F et le second 150 F. Avec l'électricité, nous faisons la charge à 100 F. Avec l'arrivée de l'AMADER, la clientèle a diminué. Pendant les jours de foire (jeudi et vendredi), nous pouvons charger entre trente à cinquante batteries »[105].

Il existe un autre système de recharge qui n'a pas été évoqué par nos interlocuteurs bien que développé dans les zones non électrifiées, c'est la charge avec les engins à deux roues (mobylettes de marque Sanili, Dragon, Yamaha Super, Djakarta etc.).

Cette même technique de recharge des batteries a également été observée par Lotte Pelckmans chez un groupe de nomades pêcheurs sur le fleuve Niger (Mali):

> "This picture shows nomadic fishermen on a small temporary island in the River Niger charging their mobile phones from a big, old motor producing lots of smoke and noise. In this remote area of Mali, fishermen's phones were ringing as if they were birds singing, turning silence into increasingly precious commodity" (2009 : 41).

---

[104] Bura Bahaawa Tamboura, Issa Tamboura et Oumar Belco Cissé.
[105] Boura Bahaawa Tamboura, Boni, 18/12/2009.

Photo 3.20 Les batteries en charge dans la boutique de Boura Bahaawa Tamboura (cliché de Boukary Sangaré).

Photo 3.21 La technique de recharge de batterie de téléphone portable à partir d'engins à deux roues (cliché Boukary Sangaré).

A Serma, contrairement aux précédentes localités (Bamako, Douentza et Boni), il n'existe point d'électricité ni a fortiori de groupe électrogène. Le constat fait par De Bruijn et Van Dijk est encore actuel et cadre bien le contexte :

> « La marginalisation politique et économique et les sécheresses ont entrainé une forte baisse du niveau de vie des pasteurs nomades du Haayre, et ont renforcé la solidarité, institution fonctionnant comme une sorte de sécurité sociale. Néanmoins les pasteurs, comme les anciens esclaves et les élites cherchent à maintenir leurs conditions de vie antérieures, reposant sur la hiérarchie politique, la parenté, le bétail, la noblesse et qui ont leur origine dans l'histoire » (1994 : 85-108).

Dans ce hameau, n'existe qu'un seul commerce où l'on procède à la recharge des batteries de téléphone portable : la boutique de Hama Kendé Tamboura. Avant l'avènement du téléphone portable, il faisait la recharge des batteries ordinaires (celles des voitures de différents voltages) qui servaient de sources d'énergie pour écouter les magnétophones. Pour ce faire, il s'est muni d'un panneau solaire. Pour la recharge des batteries de téléphone, il utilise un chargeur universel branché aux deux coches de la batterie raccordée au panneau solaire. Si le système de recharge fonctionne, l'indicateur vert du chargeur universel clignote. Plusieurs chargeurs universels peuvent ainsi être branchés pour la recharge d'autant de batteries. Pour éviter des cas de confusion, une marque est faite sur chaque batterie. La marque peut être l'indicatif du nom du propriétaire ou la première lettre de son nom.

> « Avec la couverture de la zone par le réseau, je chargeais la batterie à 200 F mais actuellement je fais la charge à 150 F. Quotidiennement, je peux charger entre 5 à 10 batteries selon les besoins des usagers. Pendant l'hivernage, les Peul sont très présents dans la zone, je travaille sans discontinuer jusqu'à ce que le panneau n'ait plus de charge. Avant l'arrivée de la téléphonie mobile, je ne chargeais que les batteries ordinaires (celles utilisées dans les véhicules) ; mais, ici, on les utilise pour jouer les radios à 500 F l'unité. C'est comme ça que j'ai entrepris aussi pour la batterie des téléphones »[106].

La recharge du téléphone est fonction de la surface financière de l'usager, des formes de déplacements, des occupations et des modes d'utilisation de l'appareil. Hama Idaara Cissé soutient : « *Je charge la*

---

[106] Hama Kendé Tamboura, Serma, 14/11/2009.

batterie de mon téléphone une à deux fois par semaine chez Hama Kendé pour 200 F. La durabilité de la charge est fonction du nombre d'appels effectués ou reçus par semaine ». Pour Hama Yeraadio Tamboura :

> « Pour recharger la batterie de mon téléphone, à Boni, c'est à l'électricité (le courant) que je recours. A Serma, je donne ma batterie à Hama Kendé. Une recharge me coûte 200 FCFA et mon phone est opérationnel pendant au moins une semaine sans être déchargé »[107].

Le mode de recharge de Amadou Hamadou Boura Diallo, éleveur, résidant à Fétésambo (village voisin de Serma) semble légèrement différent des cas rapportés jusque-là. Il est également réparateur de radio et a innové la pratique de la recharge des batteries :

> « Quand mon téléphone se décharge, je fais la charge à l'aide de la batterie de ma moto Sanili et je suis le seul chargeur dans tout Fétésambo. Les gens viennent charger les batteries en payant 200 F. J'ai un téléviseur noir et blanc qui fonctionne à partir de la batterie de la moto ; si elle s'affaiblit, je démarre la moto pour faire un tour et elle devient super puissante »[108].

Les propos de Souleymana Barry, résidant également à Fétésambo, contrastent quelque peu avec les propos du « génie » de la technique quand il rapporte les péripéties traversées par les propriétaires de téléphone portable pour accéder à la recharge des batteries :

> « Il n'y a que quelques propriétaires de motos qui font la recharge des batteries chez nous ; s'ils s'absentent seulement, nous faisons plus de quatre à cinq jours sans recharger les batteries. J'ai acheté un chargeur et je pars à tour de rôle chez les propriétaires de motos pour faire la recharge. A Serma, nous rechargeons les batteries chez Hama Kendé à 200 FCFA. Ceux qui sont en ville bénéficient de plus d'avantages que ceux qui vivent à la campagne »[109].

La situation de Kidal s'apparente en maints points à celle de Douentza et de ses périphéries. Si dans Kidal ville, la question de source d'énergie ne se pose pas, par contre, au niveau des parcours pastoraux, elle est d'acuité comme à Serma sur un nombre de points.

---

[107] Hamadou Yeraadio Tamboura, Serma, 20/11/2009.
[108] Hamadou Boura Diallo, Serma, 12/11/2009.
[109] Souleymane Barry, Serma, 11/11/2009.

Si à Serma, où Hama Kemdé officie, le jour de foire fait converger les habitants des villages des alentours, cela n'est pas le cas chez les kidalois qui font face à l'absence de tout marché.

C'est au détour de ce manque que toute une panoplie d'inventivité a été développée pour recharger les batteries des téléphones en vue d'être constamment, soit dans le réseau, soit dans sa recherche et cela en l'absence de source d'électricité continue.

Pour les éleveurs transhumants, c'est certainement l'élément le plus difficile à contourner pour l'entretien d'un téléphone. Or, le transhumant sur les parcours pastoraux n'a d'autre habitat que la tente (le velum) où il passe la majeure partie de son temps. Comme source d'énergie, il ne connaît que la lumière du soleil, de la lune et le feu qu'il allume, sporadiquement, pour la cuisson des aliments ou pour faire du thé. Sachant que la détention puis l'entretien d'un téléphone portable exigent une source d'énergie pour son alimentation, les éleveurs transhumants ne pouvaient que recourir aux moyens du bord pour assurer la continuité du fonctionnement de leur téléphone. Ainsi, à défaut de voiture, chacun a un système de recharge alternatif à travers l'allume-cigarettes, les batteries de voiture, des mobylettes, des plaques solaires, qui sont utilisées, bien entendu avec des transformations, pour recharger celle des téléphones. Ils recourent très souvent aux batteries des motos « Sanily », des plaques solaires, des piles ou encore des billets de banque. Ces techniques sont générées par le besoin de source d'énergie, une denrée rare et même exceptionnelle sur les parcours de transhumance. Ils reconnaissent même que posséder un téléphone en milieu d'éleveurs transhumants n'est pas plus difficile que de l'entretenir et être dans le réseau.

> « Moi, je recharge le mien à partir de ma voiture. J'ai vu de gens en brousse qui les rechargent à travers les batteries des motos SANILY parce que ce sont des batteries 12 volts»[110].
>
> « Son entretien est plus contraignant et difficile dans le campement qu'en ville. Mais les détenteurs trouvent toujours le moyen de recharger leurs appareils au moyen de batteries de véhicules (car rares sont les campements qui n'en ont pas). Pour ce qui est du crédit de recharge, les commandes en ville sont fréquentes. La monnaie pour les éleveurs, c'est

---

[110] Entretien avec Sidalamine Ag Ekaidy, Kidal : Centre ville : 01/12/2009.

le bétail. Des ponctions sont nombreuses, de nos jours. Pour l'entretien de leurs téléphones, certains se sont même saignés à blanc pour se procurer un chargeur solaire qui ne coûte pas moins de 90 000 F Cfa »[111].

Les découvertes les plus importantes et les plus étonnantes sont celle de l'appropriation en matière de recharge à partir des billets de banque, des brindilles d'allumette ou de piles classiques de radio ; tout de même une charge à durée relativement courte, souvent d'une minute et plus. Pour les billets de banque, il s'agit de prendre les billets de 2 000 ou 5 000 F Cfa, le rouler sous forme pyramidale de sorte que le filament en aluminium qui le traverse soit placé entre les brosses du téléphone et de la batterie et retirer subtilement le billet. En rallumant l'appareil, la batterie pleine s'affiche sur l'écran. Il en de même pour les brindilles d'allumette. Après une minute de communication, la batterie est à plat. On ne rapporte pas ces différentes techniques sans une dose certaine d'estime de soi : *« Nous les Tamasheq, nous sommes des gens très curieux, nous cherchons beaucoup, nous chargeons des batteries avec de l'argent, ou avec les brindilles d'allumette, ça ce sont des choses qui n'existaient pas avant »*[112].

Pour la recharge avec les piles, il suffit de se munir d'au moins sept piles actives pour un voltage supérieur ou égal à neuf, bien ajustées (n'importe où), avec l'aide de deux couteaux placés à chacune des extrémités auxquelles sont également reliés deux fils connectés aux pôles de la batterie : le tour est joué et le téléphone se recharge. Contrairement aux deux précédents, la charge dure.

---

[111] Entretien avec Eghleze Ag Foni, Kidal : Etambar : 07/12/2010.

[112] Focus group: Aghaly Ag Mohamedine, Kidal : Centre ville : 03/12/2009.

Photo 3.22 Exemple de recharge du téléphone à partir de la batterie d'une mobylette qui est en passe de remplacer le chameau dans le déplacements quotidiens (cliché Youssouf Ag Rhissa)

Photo 3.23 Un chargeur solaire pour téléphone Thuraya dans une boutique à Kidal,(cliché Youssouf Ag Rhissa).

Photo 3.24 Recharge de la batterie au moyen d'un billet de banque, Kidal, (cliché Youssouf Ag Rhissa).

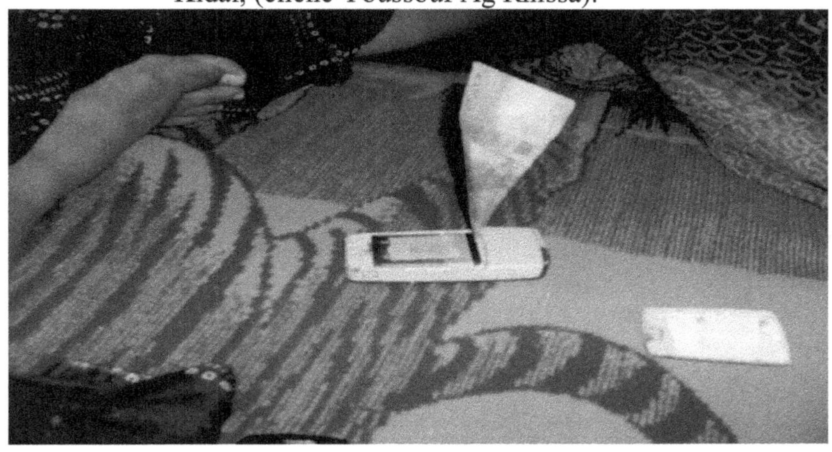

Photo 3.25 Technique de recharge de téléphone à partir de piles, Vallée de Tekankant, (cliché Youssouf Ag Rhissa).

4

Marges et trappes : Entre désir de changement et illusion de mobilité

Le téléphone mobile, qui ne faisait pas partie des objets usuels dans nombre de pays d'Afrique au début du XXIe siècle, semble désormais exister partout. Entre 2000 et 2012, le nombre de téléphones portables utilisés dans le monde a augmenté, passant de moins d'un milliard d'unités à environ six milliards. La révolution de la téléphonie mobile a transformé les moyens de subsistance, a aidé à la création de nouvelles activités économiques et modifié la manière de communiquer. Le réseau de téléphonie mobile est d'ores et déjà la plus grosse

« machine » que le monde ait jamais connue, et désormais, cette machine est utilisée pour créer des opportunités de développement à une échelle jamais imaginée auparavant.

C'est dans le sillage de cette révolution que les Maliens ont pu être en contact avec et dans le monde en grand nombre, même en l'absence de source d'énergie pérenne. Parallèlement, ce phénomène a permis irrévocablement des interactions multiples dont certaines n'étaient point soupçonnées. Ainsi, en s'intéressant à quelques-unes de ces conséquences, on observe que si l'usage de la téléphonie a la vertu de raccourcir les distances physiques dans l'entre-deux, il permet tout à la fois de saisir les lignes de dévoilement et de mise en scène des acteurs. Certes, le suivi des interactions nous a permis d'entrevoir les questions sociopolitiques qui entourent la problématique des télécommunications modernes et les rapports qui s'établissent depuis peu entre les opérateurs et les usagers ; les opérateurs, les vendeurs de cartes de recharge et de puces et la sécurité publique ; les tendances hégémoniques des opérateurs à contrôler tous les circuits de commercialisation des produits quitte à « supprimer » les bulles qu'ils ont eux-mêmes suscitées et enfin, de par son caractère de dévoilement des identités, la téléphonie réactualise ce qui paraissait être des lieux communs des rapports interindividuels consacrés par la culture comme pour dire en quelque sorte : « *changeons dans l'éphémère et restons immobile socialement* ». C'est appuyée sur cette charpente que cette dernière partie est bâtie.

Interactions des acteurs et questions socio-politiques

En nous intéressant aux différentes interactions entre les acteurs qui œuvrent dans le marché de la téléphonie mobile, nous avons fait le choix de nous appesantir sur la figure des réparateurs de téléphones portables, les revendeurs de cartes et/ou de crédit et des accessoires. Ce groupe de « travailleurs » a émergé comme une bulle créée par les opérateurs téléphoniques à partir du moment où il y avait un vide entre ceux-ci et les usagers qu'il faille combler. En ce temps, ils étaient admirés et donnaient une tout autre image du paysage urbain et rural. (Remplissant alors un rôle de maillon intermédiaire indispensable, ils donnaient une tout autre image du paysage urbain et rural)

Si dans le processus de croissance des opérateurs de téléphonie, ces acteurs ne pouvaient être considérés comme des agents subsidiairement transitoires dans le processus d'accès à la communication mobile, l'investissement d'un tel créneau obligeait pourtant les acteurs à n'évoluer que dans le secteur dit informel[1]. Or, aujourd'hui, il s'avère que les opérateurs ne sont plus préoccupés par l'accès des usagers à leurs produits mais sont davantage intéressés aux applications mobiles[2] et à leur utilisation pour promouvoir le développement, en particulier dans les secteurs de l'agriculture, de la santé, des services financiers et dans l'administration publique.

---

1 Un tel secteur irradie une grande part des économies africaines : « Entre 60 à 80% des économies des pays africains relèveraient aujourd'hui du secteur non ou peu enregistré, l'immense ''secteur informel''» (A. Chéneau-Loquay, 2004 : 345-375). qui se confond avec « l'économie populaire », une expression consacrée de l'ONG ENDA Tiers Monde.

2 Les applications G 3 & 4 permettent d'être en permanence connecté et d'accéder à plusieurs informations instantanées sur la toile, entre autres.

Le contexte des interactions

Depuis le milieu du XXe siècle, les villes africaines en général et maliennes en particulier connaissent une croissance très importante. Cette augmentation de la population citadine n'a pu être totalement absorbée, sur le plan social, par le développement de l'emploi salarié, soit dans la fonction publique, soit dans le secteur privé. Ainsi, de nouvelles formes de vie économique et sociale ont émergé, selon des modalités originales entre les modes de vie traditionnels et modernes. La crise économique des années 1980 a permis de constater la vitalité du secteur urbain qui ne relève pas de l'économie classique, mais qui a fortement contribué à amortir les coûts sociaux des programmes d'ajustement structurel imposés aux Etats par les institutions de Bretton Woods (Banque mondiale et Fonds monétaire international). En règle générale, l'économie populaire est caractérisée par :

- des mises de fonds relativement faibles au départ, pouvant éventuellement être assurées par l'épargne personnelle, ce qui entraîne une forte concurrence et une flexibilité élevée, liée avec la pluriactivité. Cette dernière peut se lire à deux niveaux ; il peut s'agir de la double activité du salarié du secteur officiel et du fonctionnaire mais aussi, dans les réseaux néo-claniques, de la multitude des expédients et des travaux mis en œuvre pour s'en sortir. Elle correspond, dans ce cas, à une absence de professionnalisation, ce qui ne signifie pas forcément absence de compétences ;
- l'utilisation de technologies simples, liées à la faiblesse de l'investissement possible ;
- des rapports sociaux non salariaux, mais basés sur des solidarités sociales ;
- une absence de comptabilité et une absence de différenciation entre unité de production et unité domestique, car l'objectif premier n'est pas la maximisation des résultats bruts d'exploitation, mais la survie du groupe familial ;
- la recherche d'une diversification des activités, plutôt qu'un développement de l'activité principale, si un surplus est dégagé ; car une accumulation intensive en capital suppose de nouvelles technologies plus visibles et un passage dans l'économie formelle avec une augmentation des risques économiques ;
- un argent rare, ce qui impose de maximiser le rendement financier par rapport aux dépenses monétaires engagées » (Fargeot, 2003 : 98-99).

C'est dire qu'il existe plusieurs types variés d'économie informelle à travers le monde. Ils prennent leur source dans des différences profondes des rapports de personne à personne dans les sociétés traditionnelles et, également, à une pénétration différenciée de la modernité, selon les régions, à la fois au niveau réel et au niveau imaginaire et symbolique. Suivant cette caractérisation, Latouche identifie quatre étages dans le secteur informel :

- les trafics internationaux ; en dehors des activités franchement criminelles, il s'agit essentiellement du commerce d'import-export en contrebande. En Afrique, certains Etats, comme le Togo et le Bénin sont devenus des « Etats – entrepôts » où l'essentiel des activités économiques est basé sur le négoce transfrontalier de marchandises, en jouant sur les taux de change et en évitant les taxes douanières. Tous les acteurs économiques sont impliqués, les fonctionnaires prélèvent leur salaire ou ses « compléments » sur les flux des innombrables marchés clandestins, la population profite de la circulation financière ainsi créée et l'Etat se débrouille avec les restes incontournables des taxes officielles ;
- la sous-traitance non-officielle ; très répandue en Asie du Sud-Est, en Amérique latine ou au Maghreb, elle est actuellement peu développée en Afrique noire ;
- « L'économie populaire » regroupe les petites entreprises où les artisans travaillant pour la clientèle populaire et l'ensemble des « petits métiers » ;
- « l'économie néo-clanique » ou la « société vernaculaire » désignent toutes les façons dont les naufragés du développement vivent, hors du champ de l'économie officielle, dans des stratégies relationnelles complexes. Les individus s'inscrivent dans des réseaux de relations sociales, les reliés formant des grappes plus ou moins larges. Les stratégies de survie sont fondées sur des jeux subtils de tiroirs sociaux et économiques, mobilisés alternativement en fonction des besoins » (Latouche, 1998).

Pour mieux rendre compte des interactions entre les acteurs, nous avons placé le focus sur les trois derniers étages, mis à profit pour saisir les modalités de l'économie informelle suscitées par la téléphonie mobile dans les sites parcourus dans le cadre de l'étude présente. Quel que soit son développement au Mali, des barrières demeurent à l'entrée dans une activité comme, déjà, révélées dans la description des acteurs : elles sont soit de nature financière, soit de nature sociale.

Les barrières financières, dans un contexte de rareté monétaire et d'absence de dispositifs d'accès au crédit, sont généralement élevées ; elles peuvent correspondre à au moins quelques mois d'épargne minimum. Les besoins financiers ne comprennent pas uniquement le capital fixe initial, comme dans la revente des cartes de recharge et de crédits, avec un équipement initial minime, mais ils peuvent cependant nécessiter un capital circulant élevé.

L'obligation de disposer d'un capital de départ engendre une différenciation forte des revenus entre les échelons (« Masters », grossistes, demi-grossistes et détaillants ; commerçants, intermédiaires, coxeurs, etc.), et joue un rôle fondamental pour comprendre les différenciations internes et les interactions entre les acteurs.

Les barrières sociales, non financières, sont informées par l'existence de castes et de hiérarchies sociales rigides (nobles, esclaves ou descendants d'esclaves) qui sont d'actualité, au Mali (Keïta, 2012) ou liées à l'appartenance ethnique et/ou religieuse. Dans ce cas, il s'agit essentiellement d'un contrôle de l'accès aux réseaux de transmission de l'information, d'autoprotection collective ou d'auto-organisation du marché (partage des débouchés, règlement des conflits commerciaux).

Si la société malienne fonctionne depuis longtemps dans une économie monétarisée, la logique mise en œuvre n'est pas obligatoirement rationnelle. La rationalité, qui est considérée comme un trait central de la modernité, suppose en effet la possibilité et l'exigence de tout calculer, à partir d'une évaluation quantitative, sur une base mathématique. Plutôt que de se fonder sur des calculs à partir d'une grandeur quantifiable (« effet juvaros ») comme des rapports bénéfices/coûts monétaires, la réussite dans l'informel dépend souvent beaucoup plus d'une réflexion synthétique sur les multiples « raisons » qui interviennent dans le traitement d'un problème. Il s'agit alors d'une approche raisonnable des problèmes, en pesant les arguments pour et contre, selon la voie traditionnelle politique et juridique. Alors qu'en théorie il y a une seule voie rationnelle, il peut y avoir plusieurs voies raisonnables. C'est, par exemple, le cas de la logique de maximisation du profit et d'accumulation productive qui est dominante en économie classique. C'est le cas qu'on observe depuis peu chez les opérateurs de téléphonie : après leur phase d'extension et de maillage du territoire, ils sont dans la perspective du retour sur capital. Or, dans la revente des cartes de recharge et de crédit, les acteurs sont confrontés en fait à deux logiques séparées :

- les grossistes travaillant à satisfaire les commandes des demi-grossistes en petites séries, leurs rendements sont constants et il n'est pas possible d'appliquer un raisonnement marginaliste sur les recettes et les coûts. La maximisation du profit passe donc uniquement par celle des recettes pour permettre, en premier lieu, de *dégager une marge de survie, mais pas forcément pour accumuler* ;
- d'autre part, l'accumulation intensive, qui suppose de mobiliser du capital par les demi-grossistes dans leur volonté de devenir un jour grossistes et pourquoi pas Master, les pousse à innover dans la fourniture des détaillants et dans la négociation avec ceux-ci ; à partir de là, chaque demi-grossiste doit se constituer un paquet de détaillants solvables pour s'inscrire dans un processus d'accumulation intensive. Mais ces innovations atteignent vite des limites dues à la nature de l'activité, avec de faibles possibilités de mobilité (de détaillant à demi-grossiste, de grossiste à Master), des difficultés d'accès au crédit, une forte concurrence se traduisant par une chute des profits. La croissance de l'activité implique une visibilité plus forte et un accroissement important du risque fiscal et légal.

La solution est souvent trouvée dans une accumulation extensive (sans innovation et changement technique), à travers une diversification des activités, par exemple dans le commerce du téléphone et des produits dérivés.

Suivant les observations faites au niveau du marché de la téléphonie dans les sites parcourus, l'économie informelle n'est que marginalement parasitaire, et elle répond, au contraire, par la plupart de ses activités, à la demande des consommateurs, à des besoins solvables, aux carences, aux insuffisances ou à l'inadaptation de l'appareil productif ou distributif. Travaillant sur l'économie des pêches dans le delta central du Niger, H. Rey (1994 : 289-301) dresse la comparaison suivante des systèmes d'échange informel et néoclassique qui, d'ailleurs, pourrait s'appliquer valablement au marché de la téléphonie mobile au Mali.

Tableau 4.1 Éléments comparatifs des systèmes d'échange in formel et néoclassique

Système d'échange	*Informel*	*Néoclassique*
Règles d'organisation	Organisation par la confiance dans le cadre de relations non anonymes	Organisation par la concurrence dans le cadre de relations anonymes ou contractualisées
Finalité de l'échange	Sociale ou économique	Logique univoque de profit
Propriété des moyens de production	Capital souvent peu important, voire inexistant et pouvant relever d'une appropriation « circulaire »	Appropriation personnalisée des moyens de production

Au regard de cette structuration et en rapport avec les nombreuses observations faites dans les villes maliennes et sites parcourus, il semble que nous avons davantage à faire à une société de réseau. Ici, l'économie informelle est largement immergée dans une sociabilité complexe et exubérante, faite de réseaux familiaux, ethniques, régionaux, amicaux ou professionnels. Le modèle clanique villageois subsiste, mais il est associé à des innovations socioculturelles multiples. Chacun investit dans ses réseaux au sein desquels les échanges incessants obéissent, de plus en plus, à la logique du marché. Les obligations sociales (donner, recevoir, rendre) extrapolées portent autant sur des biens matériels que sur des services.

La participation au marché est dictée, d'une part par la recherche du profit immédiat, souvent indispensable à la survie physique de la personne ou du groupe, mais c'est également, par l'échange (la mise à disposition d'un fond de départ à rembourser dans une perspective d'indépendance sans autonomisation), un instrument de stabilisation et de reproduction des liens entre groupes et communautés et, pour les femmes et les jeunes, un moyen d'émancipation de la tutelle familiale des époux et des aînés.

Le marché, comme lieu physique de rencontres, est également un moyen essentiel d'accès à l'information commerciale, mais aussi sociale. C'est par exemple l'endroit où, par l'intermédiaire des importateurs, des voyageurs et des petits porteurs, s'échangent les nouvelles avec les terroirs. Les micro-échanges jouent enfin un rôle important de redistribution des revenus et peuvent être considérés comme un mécanisme d'adaptation au sous-emploi.

Contrairement à l'idée couramment diffusée, la majorité des revendeurs de carte et d'accessoires ne recourent à la famille élargie africaine que pour avoir la mise de départ (fonction de solidarité, de « sécurité sociale »). Ces recours imposent aux entrepreneurs une logique de reproduction de l'unité familiale plutôt qu'une logique d'investissement dans l'activité. Nous avons vu plus haut que cette approche était une stratégie anti-risques ; ce peut également être une stratégie anti-crise : lorsque la clientèle se contracte, il est possible de recourir à tous les membres de la famille pour multiplier les chances d'écouler le produit, alors qu'en l'absence de gain, il est incompréhensible de ne pas assurer la subsistance de sa femme, son cousin ou son neveu. Cette option peut être efficace si la crise est passagère mais, si la crise se prolonge et devient structurelle, la survie de l'activité de même que le maintien des liens familiaux et de solidarité, quel que soit le choix stratégique, devient problématique.

A l'inverse de la corruption dans la sphère du don, la relation de parenté ou d'amitié procède, à la fois dans le temps et dans la logique sociale, des relations d'échanges et d'affaires. L'économie est mise au service du réseau et non le réseau au service de l'économie. La capacité à mobiliser des relations est au moins aussi importante que la richesse financière, c'est un objet permanent d'investissement relationnel. Le marché informel n'a pas forcément d'implantation physique, ni de finalité directement commerciale. L'échange peut également avoir un but compensatoire ou permettre de pérenniser les relations sociales.

La logique du don n'est pas seulement une pratique idyllique, elle est aussi socialement pacificatrice ; mais elle comprend également, en ville comme en milieu rural, les pratiques vindicatives et sacrificielles avec leurs cortèges de violences, de contraintes et d'injustices. Au sein d'une même région ou d'un même marché, les formes de solidarité peuvent varier notablement, en fonction des ethnies. Par exemple, au

Mali, les modalités de l'échange social diffèrent fortement entre les Soninké et les *Jallubé* et les autres ethnies. Tous doivent donner, recevoir et rendre, mais les *Jallubé* enrichis sont tenus à certaines dépenses ostentatoires, mais ils ne sont pas obligés d'apporter un soutien total à leurs proches (Fargeot, 2008).

A ce niveau de l'analyse, nous devons relever les relations de confiance dans le marché de la téléphonie. Au Mali, suivant les discours recueillis et les observations faites, la communauté familiale plus ou moins étendue semble être la principale institution dans laquelle les rapports entre les individus sont régulés par des obligations et des droits. Ces règles traditionnelles ont des supports religieux, magiques, éthiques et moraux dont l'actualité est à chercher dans le renouveau de l'identitaire. Si elles valorisent fortement la notion de solidarité, la communauté est dotée de moyens efficaces de faire respecter les droits et les devoirs de chacun. A un niveau extrême, une telle configuration renverrait à un système de sanctions qui exclut tout membre qui oserait transgresser les règles de la communauté; or, puisque cette communauté est la principale source de sécurité (au plan social), en l'absence d'un système formel, le membre a intérêt, tant au point de vue matériel que social ou moral, à se soumettre à ses règles et obligations.

Pour fonctionner durablement, le marché informel, dans lequel la valeur, la quantité et la qualité des biens sont difficiles à saisir, nécessite également un minimum de confiance et de loyauté dans les échanges. Sur le plan économique, la confiance peut être analysée de deux façons : soit elle est un pari sur le respect des engagements du créancier et elle est alors inversement proportionnelle au montant de la transaction ; soit le respect des engagements joue le même rôle que les droits de propriété sur les marchés privés pour garantir les transactions.

Dans les systèmes de relations anonymes, la confiance peut être contractualisée ou être le résultat d'un calcul économique en évaluant le risque d'échec par rapport au coût du contrat ; par contre, s'il s'agit de rapports marchands non anonymes, elle a pour contrepartie le contrôle du groupe social.

Les rapports personnalisés sont à la base de la relation dans l'échange informel, la confiance mutuelle joue alors le rôle de la loi pour garantir le fonctionnement des réseaux dans lesquels s'organisent les transactions. C'est l'ensemble de ces liens de confiance qui définit le réseau informel. Un membre d'une communauté se soumet aux principes de celle-ci et, sur le marché, vis-à-vis des autres membres de la communauté avec lesquels il a une relation marchande, il s'abstiendra d'avoir des comportements négatifs qui sont sources d'écueils moraux. Les mêmes valeurs de confiance, de réciprocité ou d'altruisme ordonnent les comportements des agents hors marché et sur le marché.

L'extension de la concurrence va à l'encontre de l'accumulation de la confiance. Plus il y a de concurrence et moins il y a de relations de confiance, car elles sont favorisées par le caractère répétitif des relations d'échange qui fait de l'honnêteté un comportement rationnel. Ce type de relations durables est de nature à minimiser à la fois le coût d'accès à l'information et les coûts qu'engendrerait le manque d'information sur le marché (qualité du bien, date de fabrication, etc.).

En matière de vente de téléphones et d'accessoires, contrairement à celle des cartes de recharge, les prix se forment selon trois logiques correspondant à un éclatement des transactions, à leur adaptation en fonction de différents paramètres, dont l'offre, la demande et à la création d'un revenu social :

- *l'éclatement des transactions* : l'éclatement des marchés répond à l'atomicité de l'offre qui est rendue possible par la faiblesse des coûts fixes des produits ; il fait écho à la faiblesse et à l'instabilité de la demande, liées aux capacités de paiement très limitées de la clientèle. Cette situation s'explique aussi par de multiples facteurs tels que l'état des infrastructures dans les situations d'enclavement, le niveau de risque ou les partages tacites de l'espace. Ce morcellement s'accompagne d'une multiplication des intermédiaires et des lieux de vente qui sont permis par la souplesse et la rapidité des procédures.

  La relation classique prix-quantité pour le consommateur doit être révisée. Les quantités achetées ne sont plus fonction du prix nominal du produit, mais du poids relatif de ce prix par rapport au budget de l'unité au moment de la transaction. En témoigne le mode de tarification « au tas », très courant sur les marchés africains et dans lequel le volume du produit s'ajuste pour un prix qui reste fixe.

- *l'adaptabilité des prix* : les prix sont très largement fixés par la procédure du marchandage, selon un processus de négociation entre deux agents, qui permet théoriquement d'ajuster l'offre et la demande d'un produit.

D'autre part, les économies d'échelle liées à la disponibilité des produits sur les marchés sont limitées et les prix de revient ne diminuent pratiquement pas. La fixation des prix de vente est fonction de la qualité du produit et de la lecture psychologique que le vendeur fait de l'acheteur. Pour le revendeur, la recherche du profit maximal est une stratégie de survie, car très souvent, c'est l'existence même d'une marge positive qui est en jeu, alors que les coûts d'approvisionnement et de la commercialisation sont estimés de façon très imprécise. Les fluctuations de prix dans le temps sont souvent le simple reflet de l'évolution des besoins de trésorerie ; c'est ce que reflète, par exemple, l'effondrement des prix de nombreux biens à l'approche des grandes fêtes musulmanes et chrétiennes (Tabaski, Aïd el Kébir, Noël, Pâques, Jour de l'An, etc.) où, par exemple, chacun se doit d'acheter le mouton du sacrifice et de la fête et, aussi, les bonifications accordées par les opérateurs téléphoniques suivant un principiel de marketing. A l'opposé, la progression du prix d'un produit n'entraîne pas nécessairement un accroissement de son offre, mais elle peut, au contraire, favoriser une diversification des produits ou un changement de secteur, dans une stratégie anti-risques déjà évoquée.

- *le revenu social* : en dépit de la pénétration des rapports marchands et de la monétarisation des échanges, les acteurs s'efforcent de conserver le primat des relations humaines et interpersonnelles sur le jeu anonyme de l'offre et de la demande. Il faut respecter les statuts, tenir compte de l'ensemble du contexte, savoir perdre un peu pour gagner sur d'autres plans.

La personnalisation de l'échange, qui peut se superposer à des relations familiales ou de proximité, conduit à relativiser l'aspect purement monétaire de la transaction en fonction de contrepartie souvent non marchande (service, assistance, etc). D'autre part, l'environnement social influence le comportement économique individuel. Les transferts interpersonnels, très importants, ne sont pas seulement monétaires ; du côté du vendeur, divers avantages peuvent être accordés pendant les transactions : facilités de crédit, réductions de prix, conditions de livraison avantageuses, etc. L'acheteur, de son côté, fait un effort pour apparaître crédible. Les dépenses qu'il consacre à son image dans l'environnement social peuvent être considérées comme un moyen d'acquérir cette crédibilité (usage de son statut social pour faire des promesses, temps passé à marchander, etc.).

Ces dépenses sont précédées d'une anticipation rationnelle, avec un retour sur investissement prévu à travers le revenu social. Pour les deux parties, ces différents efforts (monétaires ou non), loin d'être des charges irrécupérables, sont des investissements pour l'environnement social. Le prix payé peut devenir « signe de richesse », remplir alors une fonction sociale et permettre à l'acheteur d'accroître son revenu social.

Les agents recherchent davantage une relation commerciale durable plutôt que de nouveaux fournisseurs ou de nouveaux clients. Chaque nouvelle transaction peut être le point de départ d'une relation de marché durable, marquée par la confiance réciproque. La pratique d'un échange répété et confiant permet également de limiter les coûts de la recherche de débouchés et les coûts de transaction. Elle contribue ainsi à augmenter le revenu social de chaque partie.

Au regard de ce qui suit, le financement des activités apparaît à tous les étages de l'économie informelle, depuis les grands trafics internationaux jusqu'à l'économie de survie. Les relations interpersonnelles, à travers les cadres familiaux et lignagers interviennent toujours au démarrage d'une nouvelle activité.

Dans le cadre de l'économie moderne, l'argent est un équivalent général, une abstraction. La monnaie est avant tout comptable, c'est un jeu d'écritures qui détermine l'essentiel des droits des agents dans la cité à travers la garantie des institutions bancaires. Cette monnaie est de « l'argent froid » qui répond à une pure logique mathématique et financière.

Dans l'épargne informelle, « l'argent chaud » est concret, tangible, soit à travers les pièces et les billets de banque, soit sous les formes archaïques des bijoux d'or et d'argent, voire du bétail ou des pagnes, qui permettent d'afficher des statuts sociaux.

Par le jeu des placements, il permet de nouer des relations personnalisées, d'acquérir des positions sociales et sert à nourrir les réseaux sociaux. Dans tous les cas, qu'il serve à la survie collective ou se consume dans l'ostentation, il n'est pas une fin en soi, il nourrit l'action et les passions et irrigue la vie matérielle et sociale.

Les échanges informels s'inscrivent souvent au sein de lignages où le capital initial est prêté par un parent ou allié et peut ressortir à de multiples formes d'associations. Ces prêts et ces dons familiaux, très variables dans leur affectation et à leur régularité, peuvent relever de traditions lignagères ou de financements croisés entre unités de production. Il ne s'agit pas forcément d'un crédit usuraire, source de dépendance, car les taux pratiqués sont plutôt un indicateur de risque et la faiblesse de l'épargne, surtout sous forme monétaire, empêche de demander des dépôts de garantie. Les rapports personnalisés, à l'intérieur d'un groupe ou d'une zone géographique, permettent une connaissance des emprunteurs et de leur solvabilité et un contrôle social des remboursements.

Il est ainsi fréquent que les aînés confient un petit capital à l'un de leurs cadets pour permettre son autonomie ou son apprentissage ou bien pour diversifier les activités au sein de la famille. Ce capital de départ, issu d'un don familial, ne sera pas forcément restitué au créancier d'origine mais transmis à un autre individu, soit pour asseoir des liens existants, soit pour élargir le réseau des relations du lignage. La circulation de l'épargne doit être considérée à la fois dans l'espace et dans le temps.

Du fait de ces transferts importants de dons et de contre-dons pour l'accès aux moyens initiaux de production, on peut parler d'une appropriation circulaire du groupe familial en opposition au concept néoclassique d'appropriation individuelle. Cette « socialisation » des transactions informelles inscrit la logique du don au sein d'un réseau de réciprocité en contre-exemple à l'universalité de la logique marchande classique.

Avec la montée du chômage, on constate qu'une bonne partie de l'économie populaire est assurée par des hommes. Au Mali, le marché de la téléphonie mobile, spécifiquement la vente des cartes de recharge est dominée par des hommes et principalement la frange jeune avec une moyenne d'âge de 20 ans.

Les stratégies déployées intègrent toute la gestion du risque et privilégient la sécurité. Pour cela, les commerçants diversifient les activités, en s'assurant un fret retour, dans le sens ville-village, avec des produits d'écoulement garanti au village et en limitant le fonds de roulement et le capital investi. Ces stratégies doivent également s'analyser dans une perspective diachronique, en fonction du cycle de vie des intéressés. Par exemple, la majorité des commerçants de téléphone avait débuté comme vendeur au détail pour le compte d'un grossiste, puis, dès qu'il a pu accumuler un petit capital, il a travaillé à son compte en « indépendant » avant de s'installer comme demi-grossiste. Tout comme une gérante de bar débutera comme serveuse, puis essaiera d'ouvrir un petit « maquis ».

Ces évolutions doivent respecter, sous peine de sanctions sociales sévères, un équilibre entre ascension personnelle et solidarités sociales. D'autre part, les activités liées au commerce en général et celles des cartes de recharge en particulier restent ancrées dans l'économie informelle, et le potentiel de développement, dans ce cadre, reste limité. Un changement de statut social s'accompagne généralement d'un changement de cadre d'activité, vers un autre type de négoce. Les agents de ce domaine, évoluant hors de la sphère « formelle » et pour la plupart n'ayant pas suivi de formation spécialisée, sont souvent des acteurs vulnérables dans le système global de l'économie. C'est bien cette vulnérabilité dont il a été question, révélée ici à travers les comportements des « débrouillards » dans l'exercice de leur travail, entre eux-mêmes ou entre eux et autres agents allant parfois des négociations jusqu'aux contrariétés.

Dés-internalisation du marché par les sociétés de téléphonie (prestation, exemple des espaces Orange)

Face à un marché porteur, pour répondre aux desiderata des usagers en termes d'accès plus facile au kit, Orange Mali a jugé nécessaire de se rapprocher des clients à travers des partenaires qui gèrent les espaces ainsi ouverts. Mais n'est-ce pas là une manière de faire éclater les bulles ainsi créées ?

A titre de rappel, c'est en novembre 2006 que la société de téléphonie mobile, Ikatel, s'est mutée en Orange Mali[3]. De cette date à nos jours, la compagnie a étendu son réseau en couvrant la presque totalité des localités maliennes. En continuant l'extension de son réseau en milieu rural, Orange s'est aussi donné pour mission d'ouvrir

[3] Ikatel (*I ka téléphoni*, ton téléphone en *bamanan kan*) a vu le jour le lundi 24 février 2003.

des « espaces » à travers tout le pays pour se rapprocher davantage des usagers. C'est à cet effet que l'espace Orange de Douentza a ouvert ses portes, le 11 novembre 2008, où le marché de la téléphonie se trouvait déjà dominé par les commerçants de la place.

L'ouverture de l'espace dans le cercle allait à l'encontre des intérêts des commerçants qui avaient investi dans le commerce d'appareils de téléphone, de cartes de recharge et de puces, puisqu'ils revendaient très chers leurs produits. Une telle situation était en déphasage avec les perspectives de développement d'Orange Mali, pour qui il faut mettre sur le marché le maximum de puces active et offrir des services personnalisés avec le label de la compagnie.

La mission de l'espace Orange n'est pas seulement le commerce, mais aussi être à l'écoute des usagers pour connaître les difficultés auxquelles ils sont confrontés. Certes, si l'espace a l'exclusivité sur les produits d'Orange, il ne saurait être une agence d'Orange.

En fait, au-delà de la nouveauté, le besoin de communication est devenu déterminant dans toutes les sociétés, qu'elles soient rurales ou urbaines. Or, si le kit est le seul moyen pour asseoir le besoin d'être dans le réseau, les spéculations autour de son accès deviennent une stratégie de la part des commerçants et surtout dans un milieu où le marché de la consommation balbutie. Ainsi, chacun veut en profiter au maximum pour tirer des bénéfices. Telle est la réalité de l'enjeu pour les commerçants d'accéder par tous les moyens aux kits.

Si la carte SIM est obligatoirement liée à un numéro d'appel, celui-ci doit, en outre, renvoyer aux données civiles de son titulaire. Or à défaut d'acte d'état civil, établir cette référence est impossible. A la longue, chaque titulaire devra se prémunir de la perte ou du vol de téléphone à l'aide de cet élément indispensable en vue de récupérer son numéro ; cette fois-ci, non pas seulement un numéro d'appel mais aussi celui de contact. En cela, les sociétés de téléphonie mobile participent à l'ancrage de la citoyenneté et la valorisation de l'état civil.

Or, à Douentza, les premières puces s'achetaient auprès des commerçants et du tout-venant dans un contexte d'euphorie. Les exigences minimales de cession n'étaient pas respectées. Même si c'était le cas, les gens n'exigeaient pas de fiche d'inscription ni, a fortiori, n'envisageraient l'idée d'une perte éventuelle. A noter qu'au début, les compagnies ne s'attardaient pas sur cet aspect, parce qu'elles ne visaient qu'à augmenter leur part du marché, à savoir, gagner de nouveaux clients, et les puces étaient également des denrées rares. C'est en atteignant un certain seuil d'abonnements et face à l'apparition d'une certaine forme de criminalisation (l'histoire des insultes grossières à l'endroit du président de la République et autres histoires salaces transmises par messagerie et Bluetooth) que les compagnies de téléphone portable demandèrent aux abonnés de se faire régulariser dans les agences ou espaces ouverts à cet effet. Même en l'absence de situations malencontreuses telles les affaires d'insultes signalées, les abonnés n'ont pas été assez protégés dans la jouissance d'être en réseau ou connecté, toutes les précautions nécessaires n'étaient pas prises quand ils accédaient pour la première fois aux puces. Les stratégies de contournement des commerçants étaient connues des sociétés de téléphonie de la place. Comme en matière de droit il est une maxime qui énonce le principe que « nul n'est censé ignorer la loi », la marginalité de nombre d'abonnés n'en devenait que plus manifeste.

Il faut relever ici le fait de la fuite en avant des sociétés de téléphonie, qui auraient dû simplement se poser la question de savoir combien de détenteurs actuels de puce étaient nés dans un endroit où il y avait un officier d'état civil, et si l'accès au juge était aussi facile pour établir un jugement supplétif.

Il ne s'agit pas de leur faire un procès, nous savons qu'il aura fallu attendre la démocratie et la décentralisation pour que les mairies poussent comme des champignons et que, face au taux bas de participation aux différentes élections depuis 1992, les gouvernants ont décidé de facilité l'accès à l'état civil. Une telle simplification de la démarche n'augure pas pour autant d'un accès facile à une carte d'identité nationale dont la durée est de trois ans pour des frais s'élevant en moyenne à 2 600 FCFA. Ce sont là, en réalité, les obstacles physiques auxquels les populations étaient confrontées pour ne jamais posséder d'extrait de naissance ou de cartes d'identité nationale. Ce problème n'est pas propre aux populations de Douentza, il est récurrent dans tous les centres urbains et ruraux du Mali. Un tour matinal dans les commissariats de police et au niveau des postes de gendarmerie est édifiant. Il ne s'agit pas de refus ou de négligence dans la recherche des actes civils, mais plutôt d'une distance physique entre l'administrateur et ses administrés. Une telle réalité n'a été intégrée que tardivement par la société qui s'est ravisée, et désormais ne permet pas à toute personne ayant une puce active et n'ayant pas de fiche de renseignement de se faire enrôler, ou du moins, de se faire enregistrer comme détenteur de tel ou tel numéro d'appel.

Enfin, et de plus en plus, les messages importants du gouvernement à l'endroit des citoyens ne passent-ils pas par les messageries, qu'il s'agisse du recensement administratif à vocation électoral (RAVEC), des vaccinations et des spots du ministère de la santé dans la sensibilisation contre le VIH/SIDA, le paludisme, etc.

L'espace Orange de Douentza est l'œuvre d'un partenariat entre Orange-Mali et Opens Tours. En réalité, le gérant de l'espace Orange est un agent d'Opens Tours, qui serait une entreprise privée spécialisée dans le domaine de la téléphonie mobile et de la location de véhicules. Ce partenariat aurait pour objectif d'employer le maximum de jeunes diplômés pour réduire le taux de chômage. Ainsi, des centaines de jeunes sont employés par ce truchement par Orange Mali pour la gestion des différents espaces ouverts à travers le pays.

Au-delà du dessein de réduire le chômage des jeunes, Orange voudrait s'assurer, en signant des contrats avec des sociétés prestataires, de la possibilité de veiller sur son image et des facilités d'accès à son service, sans se montrer sous un visage de censeur et sans augmenter non plus son personnel. Une telle initiative est, en outre, plus visible en matière de bilan en termes de formes de mobilités induites.

A ce niveau de la discussion, il y a lieu de relever un fait assez massif dans le recrutement des agents. Qu'il s'agisse des revendeurs de cartes de recharge, de téléphones, d'accessoires et même de la gestion des espaces Orange, le fait récurrent est que tout le monde serait recruté sur la base des amitiés, des familiarités, en un mot de l'interconnaissance. Un critère de taille qui différencierait les structures intermédiaires telles qu'Opens Tours entre autres et les structures nationales de promotion de l'emploi des jeunes comme APEJ et ANPE.

> « La différence entre Opens Tours et les structures étatiques promotrices d'emploi (APEJ et ANPE), est que la première est privée. Quand Orange

a lancé l'appel d'offre en demandant aux sociétés exerçant dans le domaine telles que CONARIS, AGEM et IPC de faire parvenir les candidatures en vue de gérer les nouveaux espaces Orange (l'exercice de la vente des cartes, puces, téléphones et récupérations des kits perdus,...), Opens Tours a postulé ce qui explique notre présence au niveau de cet espace. Quand nous passons des commandes à la direction d'Orange Mali, c'est elle-même qui fixe les prix. La formation de nos agents aussi a été faite par Orange Mali. La politique d'Orange, à travers cette initiative, est de rapprocher la structure de ses usagers en mettant des jeunes compétents au service de ses clients (...). Pour bien mener mon travail, j'avais contacté quelqu'un de Boni pour qu'on travaille ensemble. Après une expérience décevante, j'ai été obligé d'arrêter puisqu'à la fin de chaque mois je devais faire un rapport d'état des lieux or, aujourd'hui, les gens ne sont pas sérieux : il ne m'envoyait pas l'argent régulièrement, ça pouvait me créer des problèmes. Pendant le jour de foire (jeudi), je donne souvent quelques kits à des amis qui partent pour la foire. Je leur dis de communiquer mon contact aux futurs acquéreurs qui peuvent m'appeler en cas de besoin. Il y a des gens de Boni qui viennent ici chaque jour pour acheter les kits et le réseau de Boni est extraordinairement impeccable ; tous les problèmes sont seulement au niveau de l'antenne de Douentza sinon pour les autres communes ils n'ont pas de problèmes »[4].

Comme nous le constatons, le gérant de l'espace entretient une grande confusion sur son statut. Il est prestataire de service pour le compte d'Orange et non un de ses agents. Une telle méprise est sûrement pour se donner de la visibilité, d'autant plus qu'il n'est qu'un commerçant, plus privilégié que les autres. Certes, travailler dans le créneau des produits de téléphone portable ne consacre pas de fait une qualification, peut être que ses qualités d'agent commercial ont été revues suivant les besoins d'Orange au profit de la société qui l'emploie. Aussi, Orange, pour ne pas créer d'agence officielle, a passé des contrats de prestation ou de sous-traitance avec des sociétés tierces. A partir du moment où il est évalué sur la base du résultat, il se voit contraint de rechercher des partenaires, non soumis à la signature d'un contrat, dans les autres localités du cercle couvertes par le réseau. A défaut de recourir à des résidents, il utilise son propre réseau de connaissances, comme sur la base à partir de laquelle lui-même a été recruté, pour écouler les produits. Excepté la vente des accessoires

4 Amadou Coulibaly, op. cit.

(façades, pochettes, batteries etc.) et la vente des cartes de recharge en gros, l'espace Orange mène toutes les autres activités comme n'importe quel espace de la compagnie Orange, partout au Mali :

> « Les activités que nous menions au niveau de l'espace Orange sont : la vente des téléphones (les packs qui sont des téléphones de marque Samsung et Nokia, I-phone qu'Orange met sur le marché en diminuant les prix mais qui ne peuvent porter que des puces Orange, cela est un marketing pour attirer les clients vers la compagnie), les kits (puces), les accessoires (batteries, chargeurs, pochettes, les façades, etc.) sont vendus dans les autres agences de Bamako. Ici, je n'ai pas voulu vendre les accessoires pour la simple raison que j'ai affaire avec des paysans et des bergers. Nous vendons aussi les cartes de recharge mais en détail car Orange a des partenaires commerçants qui sont spécialisés dans la vente en gros. C'est une politique qu'Orange fait pour permettre aussi à ces partenaires de faire des marges bénéficiaires. Il ne faut pas être trop gourmand. En réalité, la vente en détail ne marche pas bien car les gens préfèrent en acheter avec le petit commerçant d'à côté qu'au lieu de se déplacer pour venir ici. Généralement ce sont les passagers (voyageurs) qui viennent acheter nos cartes en détail. Nous vendons la carte SIM à 2 000 F mais les commerçants n'ont pas un prix fixe, souvent ils la vendent à 2 500 F ou à 3 000 F et voire même 4 000 F mais jamais à 2 000 F. Nous débloquons les téléphones en rentrant dans les paramètres si le problème est dû à une mauvaise manipulation, mais nous ne faisons pas la réparation. Nous n'offrons pas la connexion mais si quelqu'un veut connecter son téléphone, on lui donne le numéro du distributeur »[5].

Pour avoir une certaine forme d'exclusivité sur le marché, Orange a mis sur le marché de nouvelles marques de téléphones accessibles à un coût moins cher, mais qui ne peuvent fonctionner qu'à partir des seules puces Orange. Cette nouvelle posture d'Orange Mali n'est pas sans effet sur les revendeurs ambulants de cartes de recharge.

La vente des cartes de recharge : Entre concurrence et persécution policière

Contrairement aux autres dimensions de la téléphonie relevées plus haut, l'univers des revendeurs des cartes à Bamako est traversé par une concurrence accrue entre les Masters à travers des pressions soutenues sur les grossistes et par ricochet sur les demi-grossistes et les

[5] Amadou Coulibaly, op. cit.

détaillants. Tout cela acté par les opérateurs de téléphonie qui ne démordent pas en termes de promotions. Cette compétition est à suivre à l'aune du quotidien du revendeur et ses rapports avec les demi-grossistes qui le fournissent.

C'est ainsi que nous avons appris de certains revendeurs détaillants qu'au tout début de l'activité, des demi-grossistes en quête de clients leur donnaient des lots de cartes, et le seul gage était la confiance réciproque. Toutefois, cela concernait surtout les revendeurs fixes : la fixité étant un facteur catalyseur de ce type de contrat. En outre, d'autres nous ont confié qu'avec la multiplication des revendeurs ils avaient voulu arrêter, mais que des demi-grossistes leur avaient proposé de continuer à revendre leurs produits pour se partager les bénéfices. Dans ce dernier cas de figure, un exemple a attiré notre attention.

C'est celui de S.D., un revendeur fixe qui avait son étal de cigarettes et autres produits courants. Selon lui, la concurrence devenant rude, certains grossistes et demi-grossistes ont été amenés à faire de la vente au détail dans les quartiers de leur résidence en accordant des marges aux acheteurs potentiels. Ce qui fait que les jeunes du quartier, envoyés très souvent par leurs parents, préfèrent acheter leurs cartes chez ces derniers qui leur font des ristournes. En guise d'illustration : 50 F pour une carte de 1 000 F achetée et 150 F pour celle de 2000 F et ainsi de suite, c'est du moins l'exemple d'A.D., grossiste à Torokorobougou. C'est bien cette stratégie adoptée par des revendeurs « séniors » dont S.D. fut victime. Ainsi, il avait décidé de mettre un terme à la vente des cartes quand un demi-grossiste ambulant lui a fait la proposition de vendre ses cartes avec partage des bénéfices. Malin, il a accepté aussitôt la proposition, mais toute les fois qu'il y a une « promotion », il s'approvisionne chez son ancien fournisseur afin de se garder toute la marge bénéficiaire à lui seul, laissant ainsi de côté provisoirement les cartes de son nouveau collaborateur.

Une autre histoire est révélatrice de cette concurrence soutenue entre les revendeurs. C'est celle que rapporte A.G. En effet, il était demi-grossiste, une position que nous avons apprise d'abord par un tiers, et par la suite confirmée par lui-même, et c'est contre son gré qu'il est devenu détaillant. L'histoire remonte au début de l'accroissement du marché des cartes où un grossiste lui fournissait des cartes et de nombreux détaillants venaient se ravitailler chez lui. Et tout se passait bien du moment où il réalisait du chiffre. Mais depuis le jour où les demi-grossistes ont changé les règles en initiant la livraison des détaillants par motocyclette, A.G. n'a pu s'adapter pour des raisons professionnelles. En fait, il était gardien de profession et en chaque fin d'année, il devait impérativement rentrer au village pour aider ses parents dans les travaux des champs. Etre demi-grossiste, nécessite inéluctablement la régularité et dorénavant, dans son cas, le déplacement pour la livraison. Le demi-grossiste s'est vu « dégrader » par les vicissitudes sociale, familiale et professionnelle auxquelles il n'a pu résister et il est devenu revendeur ordinaire de cartes de recherche, se contentant des « miettes »[6].

Photos 4.1 & 4.2 Des revendeurs de cartes de recharge et de puces en pleine circulation routière,centre commercial de Bamako, 17/11/2009 (clichés Seydou Magassa).

A l'image du tri sous-tendu par la « loi de la sélection naturelle », les plus « faibles » doivent céder inévitablement la place aux plus « forts » ; de même, le changement des réalités socioéconomiques exige nécessairement parfois une forte capacité d'adaptation au risque de se voir « couler ». Ces cas énumérés montrent clairement que le

[6] A.G., Quartier-Mali en commune V, 20/11/2009

marché des cartes de recharge n'est pas un marché ordinaire et qu'il peut s'avérer implacable. La niche qu'il était censé créer au début s'avéra n'être qu'une bulle, une illusion, d'autant plus que les nouveaux produits (transferts de crédit, Orange Money, etc. vont admonester les derniers coups de butoir aux revendeurs ambulants ou ce qu'il en restera à l'image du sort des cabines téléphoniques (Keïta, 2013).

Pour le besoin de l'analyse, nous mettons ici sous le même chapeau les revendeurs de cartes et d'accessoires. Dans leur travail au quotidien, les revendeurs ambulants se heurtent souvent aux policiers et aux agents municipaux qui trouvent qu'ils encombrent la circulation routière. En fait, d'un côté, les revendeurs de cartes, comme déjà noté, occupent le long de certaines artères et profitent de l'arrêt des véhicules et des motocyclistes aux feux tricolores, en se faufilant entre les voitures, pour présenter les produits aux usagers. Et de l'autre côté, les revendeurs d'accessoires se placent aux carrefours du grand marché ou se déplacent d'un endroit à un autre, munis de petites charrettes surchargées et surélevées sur lesquelles sont exposés des accessoires. Ce sont justement ces modes de déploiement dans l'espace public que les différents agents de l'ordre jugent « illicites » et, partant, ils saisissent parfois les marchandises et ne leur rendent que moyennant de fortes sommes. Dans cette situation de « *ni autorisation ni interdiction* » (2002 : 57), pour employer l'expression de Gnamien Guy, se rapportant à l'occupation « anarchique » des voies à Abidjan par les « points-phone cellulaires », les revendeurs de cartes de recharge et d'accessoires à Bamako sont devenus des proies faciles pour les agents municipaux ou de la police. Ainsi, différents témoignages mettent décrivent les tracasseries dont ils sont victimes :

> A.C. : « Souvent en se promenant dans le marché à la recherche de clients, nous avons affaire avec la brigade de la Mairie centrale ; au niveau des carrefours, ce sont les policiers qui nous « dérangent » dans les déplacements. Or, sans mouvement il n'y a point de marché (vente) »[7].

---

[7] A.C., Centre commercial de Bamako (Sougou ba), 15/11/2009

O.T. : « Souvent les agents de la police ou de la mairie nous chassent pour qu'on quitte les voies et souvent ils nous tolèrent moyennant des commissions »[8].

A.L. : « Il arrive qu'on saisisse nos marchandises. Et on doit payer 2 000 FCFA pour les récupérer. Souvent, ils exigent jusqu'à 3 000 FCFA et cela sans délivrance de quittance ou de reçu »[9].

A.T. : « Vous savez qu'en payant une telle somme (2 000 FCFA) on doit vous donner au moins un reçu ; ils ne font jamais ça et quand vous ressortez de la mairie un autre peut vous reprendre sur le champ et vous arrangez ça encore »[10].

A.T. : « J'ai une fois payé jusqu'à 10 000 FCFA pour qu'on me restitue mes marchandises »[11].

K.S. : « Vous savez les agents de la mairie nous font payer des taxes journalières de 100 FCFA. Mais quand un agent vous prend et que vous lui présentez le ticket, il dit que même si vous êtes dans le fleuve, vous payez ça et qu'il s'en fiche. Si vous « n'arrangez » pas à temps, on embarque votre marchandise sans aucune explication. Vraiment les agents de la la mairie nous fatiguent »[12].

S.D. : « Un jour un policier m'a pris, je lui ai donné 500 F et il m'a libéré aussitôt »[13].

K.T. : « On nous prend sans explication et vous devez payer. Quelquefois, ils disent qu'on dérange la circulation et qu'on aille chercher de la place aux Halles de Bamako. L'une des vérités est que ce sont parfois des boutiquiers, qui sont également des demi-grossistes et chez qui nous ne nous approvisionnons pas, qui appellent la mairie pour nous déguerpir. Ils ont même engagé, par le passé, des agents de sécurité privée contre nous, c'est-à-dire des jeunes gens assez musclés pour nous chasser de certains lieux. Ils disent qu'on est devant leurs commerces »[14].

Ce discours démontre à souhait les tracasseries dont font l'objet les revendeurs ambulants de la part des agents de la mairie, de la police et avec la complicité de certains demi-grossistes. D'un autre côté, ils pointent du doigt un aspect assez important de la vie publique malienne : les agents publics de sécurité sont plus enclins à verbaliser

---

[8] O.T., Centre commercial de Bamako (Sougou ba), 15/11/2009.
[9] A.L., Centre commercial de Bamako (Sougou ba), 15/11/2009.
[10] A.T., Centre commercial de Bamako (Voxi da), 18/11/2009.
[11] I.T., Centre commercial de Bamako (Voxi da), 18/11/2009.
[12] K.S., Centre commercial de Bamako (*Sougou ba*), 16//11/2009.
[13] S.D., Centre commercial de Bamako (*Voxi da*), 18/11/2009.
[14] K.T., Centre commercial de Bamako (*Voxi da*), 18/11/2009.

qu'à sensibiliser. Surtout si le contexte entretient une compétition larvée entre la police nationale et celle du district.

Certains revendeurs d'accessoires soutiennent que, comparativement à quelques années plus tôt, il y a aujourd'hui assez de grossistes sur le marché, à telle enseigne qu'ils sont amenés à opérer des choix entre ces derniers au moment des achats. En outre, comme pour les demi-grossistes de cartes, ici encore, les détaillants sont soumis à la concurrence de la part de ceux-là même auprès desquels ils vont s'approvisionner : les grossistes sont dans les faits des détaillants. C'est donc l'une des raisons d'où découle cette adversité. Un autre élément, non moins important, est que l'écrasante majorité des revendeurs d'accessoires sont des migrants du groupe ethnique bambara alors que le marché de gros est monopolisé par les commerçants d'origine soninké, *diawambé* (*djogoromè*) et dogon.

Dans un tel contexte, « être parent »[15] devient un facteur déterminant qui favorise l'alliance et la tolérance, l'inverse entraînant plus ou moins le rejet. Les revendeurs et les grossistes sont alors potentiellement des « adversaires » hormis ceux d'entre eux qui collaborent :

> I.T. : « Aujourd'hui, nous avons à faire avec plusieurs grossistes ; c'est pourquoi nous nous promenions de magasin à magasin pour chercher les produits de qualité, ce dont nous avons besoin ; nous n'avons pas de fournisseur attitré. Par exemple, nous allons chez un premier si le rapport produit-prix ne nous convient pas, nous irons chez un autre jusqu'à satisfaction »[16].
>
> A.T. : « Nous prenons nos marchandises auprès de divers fournisseur. Nous regardons ce dont nous avons besoin. Nous ne nous connaissons pas, les grossistes et nous. Nous ne venons pas des mêmes villages et nous ne sommes pas de la même « race » (ethnie) »[17].

Dans les cas qui nous intéressent et dans la stratégie des revendeurs d'accessoires, c'est bien la loi de la rationalité économique qui prévaut, et en conséquence c'est la recherche du profit qui fait que les deux groupes, bien qu'ils coopèrent, sont par moment adversaires si les intérêts divergent. Manifestement, certains codes sociaux ne pour-

---

15 La notion de « parents » va au-delà de la famille élargie et désigne les gens appartenant au même groupe sociolinguistique voire ethnique.

16 I.T. Centre commercial de Bamako (*Voxi da*), op. cit.

17 A.T. Centre commercial de Bamako (*Voxi da*), op. cit.

ront survivre bien longtemps, tellement les intérêts marchands ont pris le dessus sur la « parole donnée » et interfèrent irrémédiablement avec le principe de l'accompagnement et la protection du cadet par l'aîné même s'ils ne proviennent pas de la même famille, de la même contrée ou du même groupe ethnoculturel. Or, de telles tendances, continuant dans la durée, pourront asséner des coups sérieux à la sociabilité et, pire, la construction définitionnelle du lien et des rapports de l'individu avec le groupe (famille, quartier, Etat, etc.).

En somme, la recherche du profit ne doit point occulter la sociabilité. Autant la vente à la criée des cartes de recharge n'est pas seulement une bulle, mais poursuit son processus d'évanescence, autant l'employabilité dans la « fonction » publique doit être réévaluée en termes capacitaires et contractuels afin que de réels services puissent être fournis à l'endroit des citoyens préalablement informés de leurs droits et devoirs. On peut espérer alors voir disparaître les occupations anarchiques ou les encombrements inutiles des voies publiques et donc les courses poursuites entre revendeurs et « policiers », ces derniers ayant pris la mesure de la noblesse de la tâche de leur corps dans une société d'hommes éduqués en vue du plein exercice de la citoyenneté.

Vers une syndicalisation des revendeurs de cartes : Chemin de croix !

Le marché de la téléphonie mobile est par moment le théâtre d'interactions antagonistes d'intérêts entre l'Etat et les opérateurs de téléphonie mobile dans la redéfinition des contrats régissant les licences d'implantation, aussi bien qu'entre, toujours, les opérateurs de téléphonie et les consommateurs par rapport à la tarification de la communication. A cet effet Gnamien Guy soutenait que : *« Les acteurs interagissant dans l'espace de la communication sont à la fois coopérants et concurrents. Leurs actions s'entrecroisent créant parfois d'incessants conflits* » (2002 : 35). C'est ce même type de conflits d'intérêts qui a opposé à Bamako depuis quelques mois les revendeurs de cartes dans leur ensemble et Orange-Mali. En effet, les premiers soutiennent, comme confirmé par nos enquêtes, que les marges bénéficiaires des cartes d'Orange-Mali sont relativement faibles à la revente. C'est pour cela qu'ils ont voulu une augmentation de leur bénéfice sur les différentes cartes en général et sur celles de 1 000 FCFA en particulier, chose que l'opérateur de téléphonie n'a pas accepté.

A noter que le marché de la vente des cartes de recharge à Bamako est largement dominé par les cartes de 1 000 FCFA et surtout les systèmes de transfert de crédit « *zèrin* » « *mugan mugan* » (« 100 FCFA en *bamanan kan* »). En réalité, mis à part quelques personnes et les tranches de promotion, la majorité des Bamakois se rabat sur le *zèrin* et quelques rares fois, sur la carte de 1 000 FCFA. Tout d'abord, bon nombre de revendeurs considèrent que le *zèrin* ne fait pas leur affaire car ils trouvent minime la marge bénéficiaire. Et ce qu'ils ne semblent pas du tout admettre est que, depuis un moment, Orange-Mali ne cesse de réduire leur gain sur les cartes de 1 000 FCFA. Les données empiriques confirment qu'il y a six mois, l'opérateur a réduit de 10 FCFA leur marge bénéficiaire sur les cartes de 1 000 FCFA sans leur consentement. Orange Mali a procédé à des coupes sombres, ce qui a provoqué une levée de boucliers des revendeurs qui ont essayé de boycotter les cartes Orange-Mali le lundi 4 janvier 2010. Madany Traoré, président du groupement des revendeurs de cartes, de rapporter : « *Au départ, le prix de vente aux grossistes était de 905 FCFA. Il y a de cela 6 mois, ce prix a été porté à 920 FCFA. Maintenant avec le nouvel an, les Masters viennent de le hisser à 930 FCFA l'unité* »[18].

Dans les faits, Orange-Mali, ne reconnaît pas officiellement que les Masters relèvent de lui et en conséquence, soutient que l'augmentation ne vient pas de lui, mais des Masters. Selon l'entreprise, les revendeurs devraient plutôt s'en prendre à ces derniers. Coumba SANGARE, directrice commerciale d'Orange-Mali de renchérir : « *Orange vend les crédits aux grossistes agréés. Et selon leur stratégie commerciale, ces opérateurs vendent le produit en fonction de leurs intérêts et la direction de Orange-Mali n'a ni le droit ni le pouvoir d'interférer dans la politique commerciale de ses partenaires* »[19]. Ce faisant, après plusieurs pourparlers, les parties en conflit n'ont pu s'entendre. Tandis

---

[18] M.L. « Téléphonie mobile : les revendeurs de cartes Orange-Mali en grève 72 heures depuis hier », in : *L'indépendant*, 05/01/2010.

[19] A.O. Diallo, « Cabines téléphoniques : Espèces en voie de disparition », 27/08/2009, in : *Mali NTIC.com*

que les revendeurs refusaient de prendre les cartes comme auparavant - sur le marché, plusieurs revendeurs continuaient de vendre les cartes bien qu'ils reconnaissaient verbalement être en grève -, Orange-Mali faisait ravitailler les consommateurs par d'autres moyens sans passer par les Masters. Par exemple, il ravitaillait les boutiquiers par des agents délégués pour l'éventualité. En outre, il multipliait les promotions[20] en vue de décourager les revendeurs récalcitrants.

Durant une quinzaine de jours, nous avons pu constater moins de revendeurs ambulants mais les consommateurs en général n'ont pas senti réellement le manque de cartes sur le marché, sauf une infime partie des citoyens qui lit les journaux était au courant de la nouvelle. Ce qui est une preuve de l'échec du boycott des revendeurs car les agents d'Orange-Mali ont déployé de gros moyens pour tenir en échec le mouvement. Et comme le fait remarquer un quotidien malien :

> « La grève n'a pas eu d'impact sur les populations, ni d'effet sur la société Orange car, les grévistes ne sont pas bien organisés. Cette grève n'empêche en rien l'écoulement des cartes Orange. Celui-ci a d'autres moyens d'écouler ses stocks sans passer par les grossistes et les demi-grossistes »[21].

En résumé, Orange-Mali est sorti vainqueur du bras de fer, d'une part, parce qu'il a usé de plusieurs stratégies et, d'autre part, parce qu'il avait en face de lui des revendeurs mal organisés. En réalité, les revendeurs ne sont pas organisés en syndicat mais en regroupement opportuniste ou circonstanciel. C'est dans la circonstance qu'ils se sont tant bien que mal organisés pour revendiquer des « droits ». En conséquence, la hausse du prix de cession des cartes de 1 000 FCFA a été une réalité et le marché a repris son allure habituelle. A.D., un semi-grossiste affirmait en faisant allusion à Orange-Mali :

> « En un premier temps, ils se sont déployés sur le marché de la téléphonie mobile en rendant accessible le kit. Ainsi le marché des cartes, parallèlement, s'est construit et tout ce qui s'en suit. Mais quand ils ont eu

---

20 La promotion est l'expression consacrée désignant le bonus qu'un opérateur fait à ses abonnés pendant certaines recharges du téléphone.

21 A. Konaté, « Grèves des grossistes et demi-grossistes de cartes de recharge : quel impact », in : *Nouvel Horizon*, 15/01/2010, http://www.maliweb/category.php?NID=554948.

le « pouvoir », quand ils ont dompté le marché : c'est fini, ils veulent couper la nourriture à tout le monde pour que, seuls, ils bouffent tout »[22]

En substance, les revendeurs de cartes sont mécontents de la lecture que l'opérateur de téléphonie, Orange-Mali, fait des spéculations qu'opèrent les Masters sur ses produits. Certes, au-delà des œuvres sociales soutenues par Orange Mali à travers sa fondation du même nom, il s'agit d'abord et essentiellement d'une société commerciale au fait de la logique de réalisation du profit, et cela quels que soient les rapports qui puissent exister entre les intermédiaires advenus dans l'accès des usagers aux cartes de recharge.

« Vous avez dit instabilité du réseau » !

> « Les réseaux téléphoniques classiques ou filaires souffrent en Afrique pour la plupart des mêmes maux que les autres réseaux; ils sont mal répartis, discontinus, avec un service de qualité médiocre à des coûts extrêmement élevés » (cité par Laine, 1999 : 29).

C'est en ces termes qu'Annie Chéneau-Loquay décrit la qualité des réseaux téléphoniques classiques et filaires en Afrique noire. Elle pensait que l'arrivée des réseaux de téléphonie mobile allait être une source de souffle pour les usagers du téléphone en Afrique. Un tel avis rend mieux compte de la réalité des terrains parcourus par nos soins (Douentza, Serma et Kidal).

Aux dires de certains usagers, le cas de Douentza serait dû à un problème technique qui dépasserait la « compétence » des opérateurs de la téléphonie mobile. Les usagers se plaignent de la mauvaise qualité du réseau : « *Les appels aboutissent difficilement. Pour joindre quelqu'un à Douentza, il faudra tenter plusieurs fois. Ne vous étonnez surtout pas d'être renvoyé sur le répondeur alors que le combiné n'est pas atteint* »[23]. Autant les usagers se plaignent, autant les vendeurs de cartes de recharge et de transferts sont mécontents de la situation :

> « Quant on lance un appel, on entend de petits bruits, des coupures intempestives ou le correspondant est occupé. C'est un facteur qui

---

[22] A.D., Badalabougou en commune V, 06/12/2009.

[23] Samuel Dao, vendeur de cartes de recharge et transfert de crédits à Universelle Communication.

> décourage beaucoup les clients. C'est le réseau de Douentza qui n'est pas bon, sinon à Mopti il n'y a pas ça »[24].

Pour la bonne marche des affaires, il y a exigence de la stabilisation du réseau. En approchant de l'espace Orange de Douentza, ce sont plus seulement des problèmes techniques propres à la zone qui sont signalés. A ce niveau également, l'observateur averti se rend facilement compte de la mauvaise négociation de l'emplacement des installations du fait de la géographie du cercle. Le gérant prend à son compte toutes les récriminations des usagers et même reconnaît des pertes de crédits dont Orange serait au courant, en ces termes :

> « Souvent nos parents sont insultés car les gens ne sont pas du tout satisfaits de la qualité du réseau. C'est pour cela qu'Orange organise souvent des promotions spéciales pour Douentza. La dernière était une promotion de 50% de bonus sur les cartes de 1 000 F afin de compenser petit à petit les recharges perdues pour cause de la mauvaise qualité du réseau et des coupures intempestives enregistrées au cours des communications. Aujourd'hui, la qualité du réseau est meilleure qu'avant. A l'époque, sur 5 000 F de recharge, on n'arrivait à communiquer qu'avec 2 000 F et 3 000 F partaient en l'air. Cette mauvaise qualité du réseau est indépendante de la volonté d'Orange. Le PDG a envoyé des équipes pour venir diagnostiquer le mal. Il nous a même envoyé le chargé de la qualité du réseau Orange qui est également un ressortissant de la ville. Les desiderata des usagers ont été portés par les députés et les maires de Douentza et de Goundam à la direction d'Orange »[25].

Les problèmes techniques restent tout de même entiers. Simplement, nombre de zones, aujourd'hui couvertes par les réseaux de téléphonie mobile, n'ont eu accès que par l'entregent du gouvernement ou des lobbies de cadres politiques et ne sont pas la conséquence d'une réelle étude de marché de la part des compagnies. Que croire alors si le ministère des Tutelles se voit interpeller devant l'Assemblée nationale pour apporter des réponses sur la fiabilité du réseau dans telles ou telles zones ?

A ces récriminations s'ajoutent celles des élus locaux. Le maire de la commune du *Haïré* est plus qu'explicite :

---

[24] Amadou Goro, Douentza, 24/12/2009.

[25] Amadou Coulibaly, Douentza, 20/11/2009.

« A son arrivée, la téléphonie mobile a permis aux habitants de la commune d'être davantage en contact avec l'extérieur. Pour ce qui est de la communication à l'intérieur de la commune, les usagers éprouvent toutes les difficultés. Du côté nord, la couverture du réseau ne dépasse guère 60 km mais à condition que les usagers se mettent dans un endroit surélevé (mont) ; du côté sud, est et ouest, la couverture du réseau ne dépasse guère 500 m de distance. Jusque-là, le téléphone portable n'a pas résolu les questions de l'enclavement intérieur »[26].

A Serma, le problème n'est pas lié à la qualité du réseau mais à la faible couverture de la zone. Le hameau est couvert par l'antenne de Boni, comme déjà mentionné plus haut. Dans ces conditions, faire un appel téléphonique à partir de Serma est fortement difficile mais pas impossible. Cette situation oblige les usagers à des gymnastiques qui semblent puériles dans la recherche du réseau. Ainsi, des lieux précis sont pris d'assaut « *pour être connecté ou se faire connecter* ».

Pour être dans le réseau, les téléphones sont accrochés dans des arbres qui servent également de lieux de réception d'appels pour certains habitants des hameaux et campements qui environnent Serma. Par exemple à *Debere*, trois endroits sont connus de tous pour être des lieux à partir desquels la communication est possible. Hama Yeraadio Tamboura décrit ainsi la façon dont la recherche du réseau est vécue par les habitants de Serma :

« A Serma, c'est Pelel et M'Boyi Baa Laya (tous deux boutiquiers) qui sont les personnes qui ont en permanencet le réseau puisqu'ils accrochent leurs téléphones à une branche d'arbre devant leurs boutiques et ce sont eux qui sont les receveurs des appels externes. Du moment où la majorité des habitants n'a pas de téléphone, ce sont les numéros d'appel de ces deux commerçants qui servent de numéros de contact. Ces numéros sont devenus donc pour la population comme une sorte de cabine téléphonique. Tellement que je ne suis pas habitué à recevoir des appels, pour manque de réseau, souvent à Boni mon téléphone peut sonner sans arrêt sans que je ne m'en rende compte ; simplement, je n'ai pas l'habitude de l'entendre sonner. Des fois, même à Boni, j'éteignais mon appareil malgré qu'il y ait le réseau partout »[27].

La faible couverture de la zone par le réseau explique également le faible taux d'appropriation du téléphone portable par les habitants.

[26] Hamadou Amadou Dicko, Boni, 18/12/2009.

[27] Hamadou Yeraadio Tamboura, Serma, 20/11/2009.

Selon Hama Kendé : *« Beaucoup de personnes ne se sont pas appropriées le téléphone portable parce que le réseau n'est pas recevable partout sinon chacun serait propriétaire de téléphone, aujourd'hui »*.

Si la volonté d'acheter des portables existe, les conditions très précaires pour recharger la batterie et pour accéder au réseau font que nombre d'habitants se limitent à ne demander que des services (prêts de téléphones) auprès des propriétaires, s'ils ont à passer un appel.

A Serma comme dans les aires de parcours des transhumants de Kidal, le constat est le même : l'isolement ou l'enclavement, la précarité, la disparité, l'urgence et le besoin de tout genre peuvent être retenus parmi les innombrables problèmes de ce milieu. Face à ces obstacles, la téléphonie mobile peut être d'une grande utilité mais en même temps avoir quelques inconvénients. Somme toute, elle présente plus d'avantages que de défauts en nous focalisant sur cet exemple d'inconvénient rapporté par un éleveur transhumant :

> « Deux éleveurs de fractions différentes se bagarrent à Achibagho (un pâturage de Kidal). Un témoin présent avec son Thuraya câble le parent d'un des protagonistes à Tamanrasset ou à Tripoli, automatiquement la même bagarre se reproduit de suite et peut dégénérer en affrontement inter- fractions ou inter- tribus », rapporte un éleveur.

Loïc Baron nous décrit les changements opérés dans l'activité d'un jeune Touareg :

> « Mohamed possède quelques chameaux et un troupeau de chèvres. C'est un Touareg nomade. Mais le seul élevage ne lui permet pas de vivre convenablement. Sa femme et lui réalisent des objets d'artisanat. Ils invitent des touristes en balade à dos de chameau qui passent quelques nuits dans leur campement. Ces activités touristiques leur permettent d'acheter en ville des produits de première nécessité. L'arrivée du GSM a considérablement modifié leur mode de vie. En effet, depuis que Mohamed a acheté un téléphone portable, ils peuvent recevoir des coups de téléphones provenant de Tombouctou ville. Ces appels sont ceux de partenaires de Tombouctou qui leur indiquent l'arrivée de touristes qui souhaitent partir en expédition dans le désert. Mais la couverture GSM est limitée autour de la ville de Tombouctou. Les Touareg impliqués dans l'activité touristique établissent donc leur campement en fonction de ce nouveau paramètre : être à portée du réseau de téléphonie mobile » (2006 : 63-64).

Le téléphone dans ce milieu a permis la réalisation d'un nombre important de choses car il est venu satisfaire des besoins énormes. Les discours recueillis s'accordent pour reconnaître que les *Tamasheq,* au cours de la période depuis l'indépendance jusqu'à ce jour, ont accueilli avec un grand soulagement deux choses dans lesquelles ils ont tout investi : la communication par téléphone, qu'elle se fasse par Thuraya ou par téléphone cellulaire, et, comme moyen de transport - autre élément de communication - en brousse, les véhicules Toyota 4x4. Certains y ont englouti toute leur fortune pour se les approprier.

Photo 4.3 Un Thuraya, d'un chef de fraction, déposé à même le sol avec comme seul support une chaussure pour le maintenir dans la direction du réseau, Vallon d'In-Acholagh, 18/12/2009 (cliché de Youssouf Ag Rhissa).

Photo 4.4 Des usagers qui s'échangent des sonneries par Bluetooth en l'absence de réseau. Vallée de Tekankant, 15/12/2010 (cliché Youssouf Ag Rhissa).

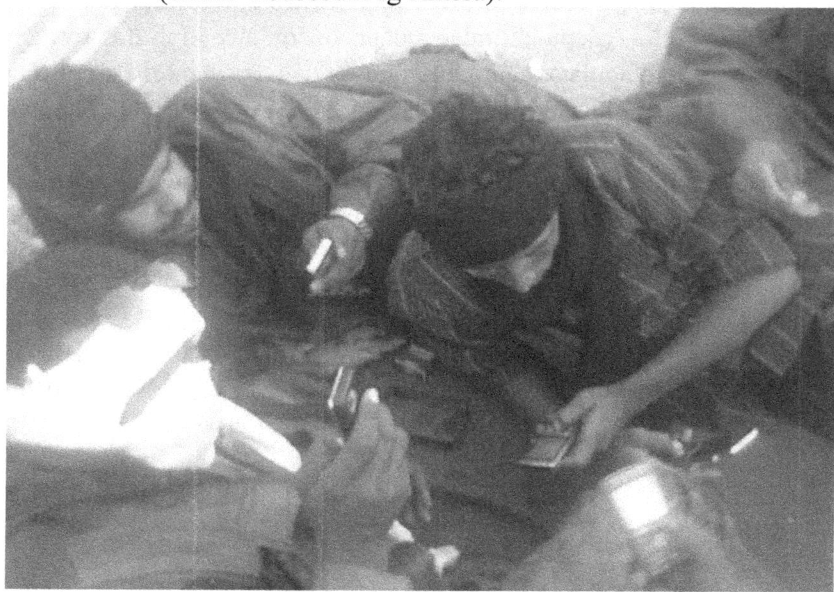

Il n'est plus étonnant de rencontrer, en pleine brousse et hors réseau, des éleveurs qui gardent des appareils téléphoniques dans des sacs et qui disent avoir repéré des lieux (collines, élévations) à partir desquels ils ont accès au réseau à des distances qui dépassent celles que les compagnies de télécommunication pensent ne plus couvrir. C'est dire que les déplacements sont ponctués par des tests d'accès au réseau.

Téléphonie et identité

Les *Kel Adagh* ont la réputation de vouloir détenir en premier toutes les nouvelles choses. Le cas du téléphone portable en est un exemple palpable :

> « Pour le commun des mortels de l'Adagh, analphabète et peu évolué, oui le téléphone est synonyme de réussite sociale et de considération sociale. Mais pour l'observateur avisé et pénétrant ce n'est pas le cas. Cet outil peut être acquis, aujourd'hui, par n'importe qui. C'est pourquoi on le trouve autant entre les mains des riches aussi bien des pauvres, celui auquel vous avez l'habitude de donner l'aumône »[28].

Au-delà de l'effet de mode, de l'estime de soi que sa possession générerait, des offres de services pour les usagers de « se mettre dans le réseau », de maintenir des liens sociaux et même faire des « affaires », les personnes approchées soutiennent que les sociétés de téléphonie mobile contribuent au développement du pays. Ainsi, elles ont relevé qu'à Kidal par exemple, Orange Mali sponsorise les activités de la jeunesse et principalement l'équipe de basketball dont les terrains d'entraînement ont été pourvus en panneaux et en ballon. Ainsi, filles et garçons ont des lieux pour pratiquer une activité sportive et cela dans un pays où la figure de l'éleveur transhumant est confondue avec celle du pratiquant de l'islamisme puriste :

> « Je vois toujours à la télévision, Orange faire beaucoup dans le domaine de l'éducation, la santé et le sport. Quant à Malitel, c'est également le cas : le sponsor officiel des équipes de football du championnat, c'est quelque chose. Au niveau de chaque société, il y a un budget qui est voté pour le sponsoring et Orange a même créé une fondation »[29].

Comme dans toute activité commerciale ou toute entreprise qui cherche à faire des profits, certaines actions sont menées pour créer un lien symbolique entre ladite société et les usagers – consommateurs. Ce sont en particulier des actions de soutien aux activités des jeunes qui représentent la majorité de la population et des promotions pour

---

28 Entretien avec Eghleze Ag Foni, Kidal : Etambar : 07/12/2009.

29 Entretien avec Hamane Ag Ahiyoya, réparateur, Kidal : Nouveau quartier : 07/11/2009.

fidéliser davantage la clientèle et faire connaître d'autres offres de service. C'est dans ce cadre que les compagnies de téléphonie conçoivent des affiches publicitaires avec des messages très clairs et ciblés. Si les affiches servent à faire connaitre les produits et les services des compagnies, parfois porteuses de messages écrits ou d'images signifiant ou renvoyant à une réalité, elles constituent une arme forte dans la promotion des produits.

Dans les sociétés de culture orale, comme celle de *Kel Adagh,* les messages portés par les affiches publicitaires sont beaucoup plus compris par les populations à travers les symboliques référencées. Comment lit-on ces affiches à partir de Kidal ?

> « Elles sont très attirantes, c'est très marquant. Elles (sociétés de téléphone) ont une très bonne politique de promotion, des images qui s'adaptent à la culture du milieu. Si tu vois les plaques des régions, pour chacune, elles ont utilisé un type d'individu, par exemple pour Kidal, il y avait une femme blanche qui était sur la plaque, une femme Tamasheq pour faire la publicité de Malitel, j'ai vu un homme avec un turban. Pour Ségou, c'est un Bambara… donc c'est du marketing, c'est malin »[30].

Au-delà de l'universalisme que promeuvent les communications modernes, dans les entretiens recueillis, les usagers de Kidal ont manifesté leur désapprobation face au choix de certaines images des compagnies. Ils trouvent que ce sont des images qui sont assez éloignées des réalités de la population, de leur milieu de vie.

> « Par exemple, un éleveur transhumant de Kidal en revenant de la brousse et qu'il voit sur une affiche, un occidental, ça l'éloigne un peu ; mais quand il voit un homme en turban qui a le téléphone, il va se dire que moi aussi je fais partie »[31].

Si les différentes images, lors des promotions ou des campagnes de publicité, puisent leurs supports dans les symboliques culturelles du pays, c'est parce que les opérateurs de téléphonie s'efforcent de mettre en place une stratégie de rapprochement auprès de la clientèle locale. Toutefois, dans le cas des Kidalois, cette stratégie n'est pas suffisamment éprouvée par les compagnies au-delà de toute mythification de « l'homme bleu ». Les populations ou les acteurs rencontrés ne se

---

[30] Entretien avec Hassan Ag Ahmad, Kidal : Etambar : 10/12/2009.
[31] Entretien avec Haman Ag Ahiyoya, Kidal : Etambar : 07/12/2009.

reconnaissent pas dans les différentes images choisies par les compagnies pour les représenter. Ils n'y voient pas un élément qui renvoie à la culture t*amashaq*, ni l'image, ni le message souvent diffusé dans une langue qui n'est pas celle du milieu.

Photo 4.5 & 4.6 Témoignages de l'implication d'Orange Mali dans la promotion du sport en général et celui du basketball en particulier, août 2009 (cliché Naffet Keita).

« J'ai vu une femme qui tenait une calebasse sur sa tête, une Peule. Déjà, si tu vois cette image, tu sais que cette femme est peul. Bon par exemple, 'Aw bisismilah' beaucoup de gens ne savent pas ce que c'est, mais si tu leur écris : 'Bis-milah', on dira que le Tamasheq réunit tout le monde, s'il y avait aussi une vache, un chameau… ou du tifinagh sur la plaque on va se voir sur la plaque ».

Le « on » dans ce discours renvoie à une identité culturelle, celle des *Kel Tamasheq*. Il est exprimé par rapport à un « on » général au sein duquel le Kel Tamasheq se sent exclu. Cela s'exprime d'autant plus dans le « nous », faisant allusion à une identité territoriale et culturelle.

Les interlocuteurs ont également regretté le fait qu'au moment où tout le monde parle de baisse du niveau des élèves, les pouvoirs publics tolèrent que des compagnies, fût-ce pour des besoins de publicité, fassent installer des affiches comportant des textes dont la syntaxe jure avec la pureté de la langue, le français, langue officielle du pays.

« La publicité ne doit pas tuer la beauté, la clarté, l'élégance d'une langue. La langue française connaît bien des abréviations acceptées et tolérées, pour cause, elles ont été codifiées. Ce qui n'est pas le cas avec les bizarreries des SMS. Si cela est toléré, les professeurs de français noteront difficilement les élèves qui vont répliquer ces écriteaux dans leurs devoirs. Ils pourront dire aux professeurs, ''ce n'est pas de notre faute, c'est écrit sur le panneau publicitaire'' », constate avec amertume ce professeur de lettres au lycée de Kidal.

> « Bien sûr parce qu'en réalité tout ce qu'on trouve au Mali se trouve sur ces affiches sauf nous (...). Sur les panneaux qui sont à l'entrée de Kidal, il est écrit « Aw bissimila » ou « Bataki ». (...) Bon, « Aw bissimila », ce n'est pas de chez nous, nous nous disons « Bis-milah ». Il y a aussi les cartes et les puces ; si, elles y mettaient au moins quelque chose qui est relatif au terroir, à la communauté de Kidal, cela va valoriser la chose à cause du nom qu'elle porte. (...) Si seulement, on trouvait : « Idjichatid Kidal salher (rentrez à Kidal en paix) », ce serait une très bonne chose. (...) La compagnie (Orange Mali, cette fois) doit se souvenir de nous de la même manière qu'elle s'est souvenue de cette femme, de cette langue. Donc, je me sens exclu, car si nous voyons quelque chose qui renvoie à notre culture cela va amener certains à acheter les cartes et les puces »[32].

Au-delà de ces remarques, nous sentons une revendication répétitive à fort relent identitaire à l'encontre de certaines stratégies des compagnies de téléphones en matière de publicité ; une sorte de ressassement de différencialisme, de postures ou de velléités de consécration de « pouvoirs ethniques » (Keïta, 2012 & 2013) revendiquées qui ne s'accommodent pas de la logique de l'Etat unitaire. Un manque de compréhension claire se fait sentir entre les actions des compagnies et celles de l'Etat. Une telle confusion accentue les interprétations par-

[32] Focus group avec Bachar Ag Ahmed, Aghaly Ag Mohamedine, Alhousseyni Ag Ibrahim, Centre ville: 03/12/2009.

tielles et facilite les postures identitaires allant à rebrousse-poil. Certes, les usagers enquêtés à Kidal ville ont tous une appréciation positive de l'outil, le téléphone. Ils sont tous d'avis que le téléphone n'est pas un luxe et n'est plus « l'apanage des seul nantis », mais qu'il est devenu un outil de travail, une nécessité indispensable pour les temps modernes. Ceci contraste avec les débuts de la téléphonie mobile en 2004 dans la région, où seuls quelques privilégiés possédaient un appareil.

Photo 4.7 Une affiche faisant la promotion des SMS à l'entrée de Kidal, 14/02/2010 (cliché Naffet Keita).

La téléphonie mobile s'est ancrée dans les habitudes des populations de sorte que le portable est devenu une condition d'intégration et de participation à la vie commune. Son détenteur est étiqueté d'un numéro qui est, en fait, son troisième nom, sa nouvelle identité. On ne se limite plus à demander le nom de la personne qu'on cherche, car pour la situer dans l'espace et dans le temps, il faut son numéro à défaut de trouver quelqu'un qui la connaît.

Photo 4.8 Une affiche géante de la compagnie Orange Mali, objet de récriminations. Entrée de Kidal 14/02/2010 (cliché Naffet Keïta).

Hiérarchie et illusion de mobilité statutaire

Selon E. Erickson (1990 : 129-162), « L'identité et la crise d'identité sont devenues dans l'usage courant, et même scientifique, des termes qui circonscrivent des choses si générales et apparemment si évidentes qu'il paraît plutôt ridicule d'en exiger une définition ».

Bourgeot soulève la problématique de l'identité « touarègue » en faisant référence à un certain nombre d'éléments dont la langue, le voile, le glaive, le dromadaire et le pastoralisme. De même Jean Louis Amselle (1990) et Claude Fay (1996) pensent que l'ethnicité et l'identité sont des notions très flexibles et polyvalentes. Pour eux, l'identité ethnique s'est formée au cours d'un processus historique et continu d'interactions entre groupes.

Certes, Douentza et Kidal ont connu l'esclavage, et ses séquelles sont encore visibles (De Bruijn et Pelckams, 2005 ; Togola et Keïta, 2012). Les plus grandes vagues de libération des esclaves font suite à la décision du colon d'abolir la pratique et de procéder à l'organisation des élections de 1946 en vue de l'émancipation des colonies africaines. C'est ainsi que nombre d'esclaves du *Haïré* changèrent de condition et non de statut.

> "According to Aadama Ba Digi the chiefs of the Haïré and Hommbori got permission from the French administration to keep their slaves. The slave trade, however, was forbidden. As a result the social situation of the slaves changed little in the Haïré, especially in the first half of 20th century. It was after the second world war that we can speak of the liberation of the slaves, which was the result of a change in the political attitude of the French." (De Bruijn et van Dijk, 1996 : 77).

Ainsi, les anciens esclaves commencèrent à se prendre eux-mêmes en charge à travers la pratique de l'agriculture et du commerce. Si, étant esclave, leur quotidien se limitait à pratiquer cette activité pour le compte du maître, en devenant « libre », l'esclave demeure toujours lié à son ancien maître parce que la question de l'accès et de la jouissance du foncier n'est pas réglée. Les *Rimbe* ne qualifient-ils pas d'esclave toute personne engagée dans l'agriculture ?

> "In principle slaves were liberated and free to do as they liked. The word maccube fell in disuse, former slaves were then called Rimaybe, which means protégé, and is derived from Arabic" (Breedveld, 1995).

Jusqu'à nos jours, l'usage du mot *maccudo* (singulier de *maccube*) irrite les "*esclaves affranchis*", ils préfèrent le mot *Diimajo* (singulier de *Rimaybe*). Selon les explications, *maccudo* ou *matioudo* voudrait dire que l'intéressé serait toujours sous le joug de l'esclavage alors que *Diimajo* renverrait à l'affranchi.

Nous avons fait le pari de nous intéresser aux trajectoires singulières de quelques affranchis, qui étaient à l'époque très marginalisés ; aujourd'hui, il s'avère que leurs figures ne sont pas des moindres parmi les plus grands animateurs du commerce de la téléphonie mobile dans le cercle de Douentza et cela contrairement à Kidal. Le sous-préfet de Boni, également, confirme cette observation tout en précisant quels sont les différents acteurs qui s'y déploient :

> « Le commerce, de façon générale, est dominé par les Arabes et les Tamasheqs. Cependant le marché de la téléphonie mobile est l'apanage des Rimaybe. Il y a Boura Bahawa Tamboura et Issa Pathé Tamboura qui détiennent les deux grandes boutiques de vente de téléphonie (téléphones

neufs, accessoires, cartes de recharge, zèrin, charge batterie, etc.) de Boni »[33].

Certes, si nos deux *Rimaybe* officiaient déjà dans le commerce général, l'arrivée du téléphone portable les a fait changer de spécialité. A ce jour, ils sont incontournables dans le domaine de l'accès aux téléphones, cartes de recharge, d'accessoires, de transferts *muga-muga* et de recharge des batteries. Au-delà des grandes orientations politiques et de la signature des conventions criminalisant l'esclavage qui n'ont jusque-là pu réellement influer sur le statut des anciens esclaves, en quoi le commerce et particulièrement celui de la téléphonie constitue-t-il un facteur de mobilité et de changement identitaire chez les *Rimaybe* ?

Boura Bahaawa Tamboura, la cinquantaine et titulaire du diplôme d'études fondamentales, nous décrit les mobiles et les conditions qui l'ont poussé à opérer un changement dans ses activités et s'orienter désormais vers le commerce de la téléphonie:

> « Dès qu'on avait eu l'information que Boni recevrait le réseau, j'ai été à Bamako pour me renseigner sur le marché de la téléphonie (les prix des portables, des chargeurs, des accessoires, etc.). J'ai été acheter une cabine téléphonique Orange qui fut d'ailleurs la première dans la commune. Je m'approvisionne avec les commerçants du grand marché de Bamako qui, eux aussi à leur tour, s'approvisionnent en Chine ou à Dubaï. Je me rends à Bamako une fois par mois ».

De ces dires, nous relevons que c'est la nouvelle de l'arrivée du réseau à Boni qui l'a poussé à se lancer dans le commerce de téléphone. Cet effet d'annonce lui a permis d'observer le créneau à Bamako et de se renseigner suffisamment avant d'y jeter son dévolu. Le contexte politique et économique de l'époque l'autorisait également à pouvoir entreprendre sans aucune crainte. Car, depuis l'avènement de la démocratie et du multipartisme, il a assisté aux divisions au sein des familles d'origine nobiliaire (Boni et Dalla), leurs anciens maîtres, et observé que toutes recouraient à leur suffrage qui, pour être maire ou qui, conseiller ou encore député. Au moment où les « chefs » bataillaient pour les postes politiques – compétitions qui se sont accrues

[33] Mangoro Konaté, Boni, 12/12/2009.

avec la décentralisation - nombre de *Rimaybe* ont donc pensé à investir dans des activités génératrices de revenus en vue de consacrer davantage la liberté dont ils pouvaient désormais jouir. Lui, a décidé de réorienter ses activités commerciales, du commerce général à celui des produits qui ne puissent souffrir de risques climatiques ou d'avaries (comme dans l'élevage et l'agriculture) et dans ceux auxquels tout le monde recourt parce qu'ils seront au centre des sociabilités, des contacts, des communications et de l'information instantanée.

Ses nouvelles activités commerciales commencèrent par l'installation d'une cabine téléphonique qui, d'ailleurs, a eu une durée éphémère, le phénomène des transferts en serait pour quelque chose. La boutique de Boura est achalandée des mêmes produits disponibles autant à Douentza, qu'à Bamako. De par ce fait, la commune rurale du *Haïré* est devenue un centre commercial pour les populations. S'il avait débuté son commerce avec la vente des téléphones de marque Nokia (1100, 1110 et 1600), cette marque a perdu du terrain à côté des marques chinoises (doubles puces et multimédia - musique, vidéo, son, radio FM, etc.) aux coûts abordables. Boura renseigne avec plus de détails sur son commerce et particulièrement celui des cartes de recharge et de transfert de crédit:

> « J'ai eu l'idée de vendre les cartes à l'arrivée de la téléphonie. Je vends les cartes de 1 000 F, de 2 000 F et de 5 000 F ; ce sont celles de 1 000 F qui sont les plus recherchées pendant les jours ordinaires mais pendant les jours de promotion (50% ou 100% de bonus sur les recharges), les usagers achètent le plus les cartes de 2 000 F et de 5 000 F. Les zèrin (transferts muga-muga) sont venus faciliter tout le reste car, même les gens qui n'ont pas assez de moyens peuvent se procurer une recharge de 100 F pour biper. Au début, beaucoup de personnes ne savaient pas recharger les cartes et ils venaient vers moi pour les aider, mais actuellement, tout le monde sait le faire »[34].

A ce niveau, nous relevons une première forme de mobilité chez notre *Diimajo*. De son statut d'ancien esclave et de lettré, il en est arrivé à devenir incontournable dans son milieu de vie : les gens ont besoin de lui, non pas pour qu'il exécute de travaux pénibles non rémunérés, mais ils recourent à ses offres et services en vertu des capa-

[34] Boura Bahaawa Tamboura, Boni, 18/12/2009.

cités qu'il a développées. Ainsi, dans l'imaginaire populaire, il n'est plus vu en tant qu'ancien esclave mais en commerçant de produits ayant également un savoir-faire.

Le second élément de cette mobilité est consacré par ses connaissances du milieu (les fournisseurs et les intermédiaires) de la téléphonie et de par les voyages fréquents qu'il effectue au niveau de la capitale, pour chaque fois apporter de la nouveauté. Pour ainsi dire, à travers ces mobilités, il influe sur les modes de consommation et les formes d'appropriation de l'outil dans une communauté rurale en transformant du coup le marché.

> « A chaque voyage (mensuel), j'achète entre 200 000 F et 300 000 F de cartes de recharge. Quant aux zèrin, je prends 50 000 F hebdomadairement. Je l'achète avec un grossiste de Douentza à travers un intermédiaire qui est remboursé après. Avant que les commerçants de Douentza n'aient la puce d'en gros, nous nous approvisionnions en zèrin à partir de Bamako »[35].

En l'absence du second commerçant, Issa Pathé, nous nous sommes entretenu avec un de ses frères. Hamidou Tamboura, âgé de 25 ans et qui venait de rentrer de Guinée équatoriale - quatre mois auparavant -. Quand il est parti, Boni n'avait pas de réseau de téléphonie mobile et en Guinée Bissau, il exerçait dans le commerce des appareils électromagnétiques. Pour ce qui est du commerce de son frère, il explique :

> « Souvent, nos achats oscillent entre 100 000 et 150 000 FCFA de cartes de recharge par voyage. Pour le transfert zèrin, nous nous approvisionnons auprès d'un commerçant de Douentza (Goro) par l'intermédiaire de Demba (le demi-frère de Hama Allaye) et pour cela nous commandions 50 000 F de transfert chaque semaine »[36].

A Serma, le commerce est tenu par Hama Kendé qui ne vend pas d'appareil téléphonique et se consacre à la vente des cartes de recharge, des accessoires et de la recharge des batteries[37]. Il

---

35 Boura Bahaawa Tamboura, op. cit.

36 Hamidou Tamboura, Boni, 18/12/2009.

37 Ce dernier soutient que le commerce est pour lui un héritage familial. Il en a appris les ficelles avec sa maman qui était une commerçante détaillante (de sucre, de Maggi, de thé, de sel etc.). Ainsi, à côté d'elle,

s'approvisionne auprès d'Issa Pathé à Boni. Malgré le développement de son commerce, il n'a jamais dépassé Boni pour aller s'approvisionner ailleurs. Il soutient n'avoir jamais quitté la commune rurale de Boni, malgré le fait que beaucoup de jeunes *Rimaybe* partent en exode dans les grandes villes (Bamako, San, Sévaré, Abidjan, etc.).

Que pensent alors les usagers des bienfaits qu'apporte le téléphone ? En quoi le marché de la téléphonie est-il devenu une question de spécialiste ou de catégories sociales ?

Pour Ahmadou dit Ali Jigooru Diallo, chef de clan des *Jallube* de Serma (*hoore talkuru*):

> « Ce sont les Rimaybe qui dominent le marché de la téléphonie (vente de cartes de recharge, recharge de batterie) ; également, les gens qui ont des motos peuvent s'acheter des chargeurs de batterie et faire eux-mêmes la recharge pour éviter de payer 200 F chez Hama Kendé pour une seule recharge. L'arrivée du téléphone portable a facilité l'activité de commerce. Beaucoup de commerçants fermaient leurs boutiques pour aller s'approvisionner à Boni. Actuellement, il leur suffit d'appeler leur fournisseur en lui communiquant la liste des marchandises qui manquent pour qu'il les leur envoie par le véhicule des forains ou les donne à un ressortissant de Serma qui doit faire le trajet. Donc, de ce fait, ils réalisent un avantage certain en temps et en dépense. Les Rimaybe ont plus bénéficié du téléphone que les Rimbe car les premiers font plusieurs activités (agriculture, élevage, commerce…) qui s'améliorent grâce au téléphone alors que les seconds ne sont que de simples éleveurs donc ceux-ci ne bénéficient que des avantages liés à la pratique de l'élevage »[38].

Si le discours corrobore le fait que les *Rimaybe* soient dominants dans le commerce de la téléphonie en général, l'interlocuteur soutient que l'exercice de toute autre activité telle le commerce participe à les libérer des considérations sociales ancrées. Ainsi, la pratique du com-

---

depuis l'enfance, il a entrepris la vente de cigarettes, de bonbons, de biscuits, etc. et jusqu'à ce que celle-ci ait vendu quelques têtes de bœufs pour lui permettre un financement conséquent. C'est de là que son commerce a pris de l'envol car le hameau devenait de plus en plus peuplé. A l'arrivée de la téléphonie mobile à Boni, les gens ont commencé d'acheter des téléphones et comme le hameau est couvert en partie par le réseau, il s'est aussi intéressé à la vente des cartes de recharge qui était quasi inexistante à Serma.

[38] Amadou Jigooru Diallo, Serma, 16/11/2009.

merce en lieu et place de l'agriculture et de l'élevage – des activités liées aux pratiques de vie des esclaves - consacre, à ses yeux, une libération des *Rimaybe* et la consécration d'une nouvelle identité chez ceux-ci. Cela d'autant plus que, pour le *Ndimo* (noble), le commerce n'est pas propre à la culture du nomade parce que son exercice exige la sédentarisation. Si le téléphone portable a beaucoup aidé à l'épanouissement du commerce parce que les acteurs ne se déplacent plus pour ne pas perdre de temps, il leur suffit d'appeler pour qu'ils soient approvisionnés. Cette forme de sédentarité leur octroie une autonomie de gestion de leur temps et un épanouissement dans leur activité : « *ils ne ferment plus leurs boutiques durant toute une journée au motif d'aller s'approvisionner à Boni* » remarque-t-il.

Adama Tumbuga Tamboura relativise quelque peu le fait que le marché de la téléphonie soit approprié par les *Rimaybe* et que cela puisse être admis comme un élément fécondant l'amélioration des conditions de vie des *Rimaybe*.

> « Je n'ai pas la certitude de confirmer que c'est l'activité de la téléphonie qui a amélioré les conditions de vie de ces Rimaybe commerçants car le téléphone les a trouvés dans le commerce »[39].

Quant à Hamadou Yeraadio Tamboura, il trouve que, même si l'exercice du commerce ne change pas le statut social des *Rimaybe*, il leur permet d'avoir une autonomie financière et un certain degré de respectabilité de la part de leurs clients qui sont majoritairement des *Rimbe*.

> « Ce sont les Rimaybe qui s'intéressent beaucoup au marché de la téléphonie plus que les Rimbe ; quant à ces derniers, ils achètent le téléphone et viennent charger la batterie chez Hama Kendé. Même si l'exercice de la vente de téléphones portables, d'accessoires, des cartes de recharge, de recharges batterie n'anoblit pas les Rimaybe qui font cette activité à Boni et à Serma, il leur permet, en outre, d'avoir une autonomie financière et une certaine considération car les gens ont toujours besoin d'eux et ils sont incontournables en matière de téléphonie dans la zone. Aussi, ce sont les Rimaybe qui furent les premiers à s'acheter les motos chinoises. Quand les Rimbe en ont beaucoup acheté, ils recourent aux Rimaybe quand les motos tombent en panne. Ce sont également les Rimaybe qui sont les mécaniciens. Donc, les Rimaybe ont toujours le

---

39 Adama Toumbouga Tamboura, Serma, 12/11/2009.

monopole des gains économiques dans le domaine des techniques. Ils acceptent de faire toutes les activités alors que le monde est fait de telle sorte que ce sont les travailleurs qui sont récompensés »[40].

Dans tous ces propos l'accent est mis sur l'ingéniosité des *Rimaybe*, qui économiquement s'en sortent bien et n'ont rien à se reprocher du moment où ils ne recourent pas au service de leurs anciens maitres. Pour ainsi dire, le procès de l'esclavage est fonction de la dépendance économique des *Rimaybe* à l'égard des *Rimbe*, une dépendance qui devient sociale et culturelle. Si la question de la condition semble être réglée de par les activités menées par les *Rimaybe*, celle du statut demeure tout entière, parce qu'elle est transmise et comprise dans le sang, dans l'ascendance. En cela la question d'esclavage rejoint celle des castes (Béridogo, 2002 ; Sorokin, 1927 et Hampâté Bâ, 2007).

Les *Rimbe* pensent que l'appropriation du marché par les *Rimaybe* n'a aucune influence sur leur statut social, Hamidou Aluwel Diallo, un *Ndimo* résidant à Serma soutient : *« La domination de ce marché de la téléphonie n'a rien changé dans le statut social des Rimaybe puisque c'est un fait social, ils sont nés Rimaybe et rien ne peut leur faire changer de statut ».*

Tous les commerçants approchés, jusque-là, ont en commun l'ascendance servile et les formes de mobilité perceptibles se résument à l'entretien d'une activité permettant d'asseoir une certaine autonomie financière, l'école et les déplacements à l'intérieur comme à l'extérieur du pays (migration). Ces succès, même s'ils ont un impact sur leurs conditions de vie, ne changent pas grand-chose à leur statut : ils sont toujours considérés comme des descendants d'esclaves.

Conclusion

Accessible au plus grand nombre depuis environ 10 ans, le téléphone portable est indéniablement l'outil technologique qui a eu le plus d'impact au Mali. Il a créé de « nouveaux métiers » - comme les vendeurs de cartes ou les réparateurs de portables - et en a aidé d'autres à mieux accéder aux sources financières. Dans les grandes et moyennes

[40] Hamadou Yeraadio Tamboura, Serma, 20/11/2009.

villes, le mobile est incontournable et bien plus qu'internet, fermement entré dans les mœurs. Dans ce domaine aussi, il a apporté nombre de changements dans les rapports sociaux.

Loin d'être un simple objet de luxe inutile, le téléphone portable est entré à part entière dans le fonctionnement de l'économie malienne. Il y a dix ans, le téléphone - fixe - était un luxe. Aujourd'hui, toutes les boutiques et échoppes affichent sur leur enseigne un numéro de portable pour être jointes. Les PME et les « petits boulots » comme les livreurs ont su tirer parti de cet outil. Les "Allô Pizza" version bamakoise des "Allô Pizza" français sont un succès. Mêmes les vendeuses de poisson du marché entretiennent désormais un contact plus direct avec leurs acheteurs. Elles peuvent les prévenir de nouveaux arrivages ou au contraire leur éviter d'inutiles déplacements en cas de pénurie.

C'est tout un mode de vie qui est chamboulé. Là où l'on se déplaçait au risque de trouver un magasin vide, de trouver absent à un parent ou un partenaire d'affaire, etc. le coup de fil permet de vérifier en amont. Le gain de temps est essentiel et constitue déjà un changement radical. Forcément convaincus, nombre d'interlocuteurs ne manquent néanmoins pas d'exemples concrets d'adaptation à ce nouveau moyen de communiquer.

Tous très attachés à leur téléphone, les Maliens sont convaincus qu'il a aussi modifié les rapports sociaux. Lors des fêtes traditionnelles où il fallait autrefois visiter tous les membres de sa famille - et où l'on finissait souvent par se manquer à force d'aller et venir - , les Maliens se contentent désormais d'un coup de téléphone ou d'un SMS. Là encore, c'est le gain de temps qui est mis en avant. « *Aujourd'hui, on est capable facilement de prendre un rendez-vous* », explique une interviewée : une quasi révolution culturelle. Et puis il y a simplement cette agréable impression d'être en communication plus facilement avec ses proches, de savoir si les enfants restés à la maison vont bien, de pouvoir appeler ses parents résidents dans une autre ville ou un ami avant de sortir.

L'étude a permis de constater que le téléphone portable est utilisé pour deux raisons fondamentales qui participent à l'amélioration des conditions de vie des populations : les raisons sociales et les raisons économiques. Pour ce qui est des raisons sociales, il permet de mieux coordonner les cérémonies (baptêmes, mariages, décès) en facilitant l'accès à l'information, en réduisant les déplacements et les dépenses d'énergie, en permettant de garder les contacts entre les membres d'une même famille ou avec l'entourage. Sur le plan économique, l'utilisation du téléphone portable permet de réduire les coûts de déplacement dans le cadre du travail ou dans la vie quotidienne. Il permet d'intervenir sur un marché sans y être physiquement, d'augmenter la rentabilité financière au niveau des marchés du bétail et des céréales. Par ailleurs, l'avènement du portable a eu des effets positifs en termes de création d'« emplois » comme la vente de cartes, la vente de téléphones et accessoires, la réparation des appareils, dans un contexte où les jeunes éprouvent de plus en plus de difficultés à trouver un travail décent et lucratif. Ainsi, il ressort que la fièvre du téléphone portable n'épargne personne au niveau de la population, car elle s'est répandue dans toutes les couches socioéconomiques du pays, dans tous les milieux, au niveau des deux sexes, et quel que soit l'âge.

L'usage du téléphone portable, bien qu'ayant des effets positifs sur le bien-être en général, n'est toutefois point gratuit. C'est la raison pour laquelle le degré d'utilisation est variable selon le profil socioéconomique et le type de service utilisé par l'individu. Ainsi, le degré d'utilisation dépend d'un certain nombre de facteurs à l'instar du milieu d'appartenance, du sexe, de la catégorie professionnelle, du niveau de vie ou de la tranche d'âge de l'utilisateur. En fait même si les pauvres utilisent le téléphone mobile au Mali, ils ne le font pas de la même façon que les moins pauvres de la population. Aussi, les inactifs et sans emploi, et les travailleurs du secteur rural n'utilisent pas le téléphone portable selon la même intensité que les travailleurs du secteur public et privé ; tout comme les hommes, les plus âgés, les ruraux et les peu instruits utilisent le mobile respectivement moins que les femmes, les plus jeunes (15-29 ans), les urbains et les fortement instruits.

Enfin, les personnes les plus âgées mobilisant plus de revenus, à l'instar de celles ayant un niveau d'instruction élevé, ou étant mariées ou opérant dans le secteur moderne et dans les professions libérales modernes, dépensent en moyenne plus que les autres utilisateurs de leurs catégories respectives qui ont des ressources financières inférieures.

Ainsi, comme cela a été relevé dans les études antérieures sur le sujet de la téléphonie mobile, ses effets sur le bien-être des individus ont été mis en exergue à l'issue de la présente étude, tant il est vrai que la population y a recours pour des raisons économiques ou des raisons sociales. En effet, quelle que soit les conditions de vie de l'individu, il tire quelque part une certaine satisfaction en utilisant un téléphone portable quitte à mettre en œuvre une stratégie pour pallier les effets pervers d'une aggravation de ses dépenses sur son modèle de consommation et son bien-être ; l'idée étant d'améliorer ses conditions de vie en ayant recours au portable tout en prenant des dispositions pour contenir la hausse des dépenses de consommation.

S'agissant de la dépense moyenne en téléphonie mobile, elle est plus élevée en milieu urbain (avec une moyenne mensuelle de 11 585 FCFA) qu'en milieu rural (avec une moyenne mensuelle estimée à 9 703 FCFA). Par ailleurs, le niveau de dépense en téléphonie mobile est élastique et en rapport avec le revenu mensuel de l'utilisateur, puisqu'on observe que les individus aux revenus les plus bas (inférieurs à 50 000 FCFA), dépensent mensuellement 5 208 FCFA, alors que ceux ayant les revenus les plus élevés (plus de 200 000 FCFA), consacrent environ 36 150 FCFA par mois pour les services du mobile (Konaté, 2011 : 44-47). Cependant cette élasticité des dépenses de consommation en téléphonie mobile ne doit pas occulter la pression financière induite sur les revenus des plus pauvres des utilisateurs. En effet, l'étude a révélé que les personnes ayant les revenus les plus bas (moins de 50 000 FCFA), consacrent plus de 15% de leurs ressources monétaires pour pouvoir utiliser les services du cellulaire. Les moins nantis des utilisateurs ne manquent toutefois pas de stratégies alternatives pour atténuer quelque peu les effets pervers sur leur budget de nouvelles charges financières induites par la téléphonie mobile. Un élu de Ménaka ne disait-il pas : « *le portable va appauvrir davantage mes mandats* » !

S'agissant des stratégies adoptées par les pauvres, pour faire face aux dépenses de téléphonie mobile, il ressort une certaine propension à renoncer à certaines dépenses d'habillement, d'alimentation ou de loisir. Dans d'autres cas, l'utilisateur a plutôt recours à l'endettement à défaut de bénéficier d'une assistance de la part d'une tierce personne. Toujours est-il que la plupart des utilisateurs ne font pas de réaménagements au niveau de certains postes de dépenses cruciaux comme la santé et l'éducation qui sont des domaines très sensibles. Cela indique une certaine pression sur une catégorie de dépenses indispensables, mais qu'on ne pourrait qualifier de vitales (habillement, loisir), si ce n'est les dépenses d'alimentation, dont la contraction pourrait avoir un impact négatif sur la nutrition et la santé de l'utilisateur et par voie de conséquence, de sa famille.

Toutefois, malgré la forte pression financière liée à l'usage du téléphone portable, sur les revenus des individus, il n'en demeure pas moins que les conséquences positives en sont réelles dans la mesure où le modèle d'analyse des effets a abouti à des résultats probants, tant en ce qui concerne l'impact positif sur le social, que les effets positifs induits dans le cadre de la réalisation des activités économiques, la quête du travail ou les démarches professionnelles.

Les effets sur les dépenses, quoiqu'étant négatifs sur la gestion du bas niveau de revenus des plus pauvres, ne les empêchent pas pour autant d'envisager des stratégies alternatives au besoin, pour sacrifier les postes d'habillement, de loisirs ou d'alimentation. Une chose est pour le moins certaine :les moins pauvres des utilisateurs subissent plus d'effets positifs que d'effets négatifs, dans la mesure où, sans modifier leurs postes habituels de dépenses, ils arrivent à financer les charges supplémentaires induites par le téléphone portable, depuis qu'ils en ont acquis, pour améliorer leur niveau de vie via le travail, la vie sociétale, le gain de temps, les démarches professionnelles.

Un autre effet plutôt positif de la téléphonie mobile est relatif aux bienfaits procurés par la vente de cartes de recharge par les jeunes, en particulier dans les centres urbains.

En effet, selon les données recueillies au cours des enquêtes, cette activité leur procurerait en moyenne un revenu net estimé à 75 000 FCFA par mois, une somme qui leur permet de sortir d'une situation d'extrême pauvreté dans la mesure où, auparavant, ceux d'entre eux qui travaillaient, s'adonnaient à des activités peu ou pas du tout lucratives dans les zones rurales d'origine, dans le secteur informel ou dans les emplois domestiques. Quant aux jeunes réparateurs, ils ont un revenu mensuel moyen estimé à 60 000 FCFA par mois. Dans leur nouvelle situation socioéconomique, le revenu net mobilisé de ces activités liées à l'avènement de la téléphonie mobile, leur confère une certaine autonomie financière, et leur permet aussi d'aider leur famille en difficulté économique et financière. Le constat est tout aussi globalement positif pour les vendeurs de téléphone portable âgés en moyenne de 27 ans, qui mobilisent dans cette activité environ 58 000 FCFA par mois, contre seulement 6 000 FCFA dans leurs emplois antérieurs. Les revenus supplémentaires induits par leur activité de vente de téléphones portables, leur permettent de devenir un support financier et matériel considérable pour leur famille, et leur permet parfois de réaliser des investissements en termes d'extension de leurs activités ou dans le social.

L'analyse statistique des déterminants de l'utilisation du téléphone mobile révèle un certain nombre de relations :

1. l'utilisation du téléphone portable n'est pas liée au niveau de vie général du pays (la densité téléphonique mobile est à peu près de 70% en 2011) ;
2. la liaison avec la population suggère l'importance de la taille du marché et plus particulièrement du marché urbain;
3. certaines affirmations, selon lesquelles le téléphone mobile se serait développé en Afrique en raison du manque d'infrastructures de téléphonie fixe, semblent démenties par la liaison positive révélée entre l'utilisation de la téléphonie mobile et la télédensité (nombre de lignes fixes pour 100 habitants) (104 696 abonnés à la téléphonie fixe) ;
4. par contre, l'utilisation du mobile apparaît liée à l'importance de la demande non satisfaite par la téléphonie fixe (près de 70% en 2011). (la télédensité peut être relativement importante mais la demande non satisfaite peut être également forte dans un pays à revenu 'élevé'). Au Mali, la télédensité était de 2,80% (2003) avec un taux de progression de 200% et atteignait en 2011 (69, 4%) avec le même taux de progression ;
5. les relations entre l'utilisation du mobile et les défaillances de la téléphonie fixe ainsi que la durée d'attente pour obtenir une ligne téléphonique fixe ne sont pas significatives.

La libéralisation du marché des télécommunications au Mali a permis, jusqu'à présent, le développement de deux entreprises qui sont donc en situation de concurrence. Celles-ci développent ainsi des réseaux de télécommunications concurrents qui se déploient en parallèle. Cette option apparaît rationnellement comme un non-sens puisque les investissements sont réalisés deux fois au lieu d'une. Un tel fonctionnement répond à la logique de l'économie de marché et de la libre entreprise. Une telle concurrence va à contre sens d'un investissement rationnel qui bénéficierait au plus grand nombre. En effet, la coopération et la mutualisation des ressources serait plus appropriée au développement d'un pays pauvre comme le Mali.

L'investissement dans le secteur des télécommunications par une entreprise transnationale tend à favoriser l'évasion des profits réalisés pour rémunérer des actionnaires étrangers. Cette fuite des profits générés enrichit donc les investisseurs étrangers au détriment du Mali. De plus, Ikatel (actuel Orange Mali) a bénéficié d'une exonération d'impôts exceptionnelle sur 15 ans, ce qui va à l'encontre de la réglementation relative au code des investissements et du code général des impôts. Les raisons invoquées pour justifier une telle faveur font bien vite oublier que les prix pratiqués par Ikatel sont sensiblement les mêmes que ceux de Malitel. L'exonération porte sur la TVA concernant l'importation et l'acquisition des infrastructures, des équipements et des services qui entrent dans le cadre des activités de l'entreprise, et s'accompagne de l'exonération totale des droits et taxes de douane à l'importation des équipements, matériel et matériaux de construction, de fabrication et des pièces de rechange. Ces exonérations privent l'Etat d'une rentrée fiscale importante, puisque le montant des investissements s'élève à 100 milliards de FCFA. Une telle rentrée fiscale aurait permis par exemple de mener une politique publique en faveur du développement des TIC.

Si le secteur des télécommunications nécessite d'énormes investissements, l'Etat malien n'est pas encore en mesure de les réaliser. Cette incapacité pose la question de l'investissement privé qui se concentre sur les créneaux rentables du marché, ce qui va à l'encontre du principe de bien public accessible à tous. Comment trouver un équilibre entre investissement et respect de la notion de bien public et d'accessibilité des TIC ?

La question du développement des TIC dans les pays africains se pose aujourd'hui à l'échelle globale. En effet, le secteur des télécommunications a été largement privatisé dans de nombreux pays, mais dans le même temps l'accès aux TIC n'a jamais autant été un enjeu de société. La question des biens publics mondiaux se pose donc. En effet, dans la société de l'information dans laquelle nous vivons, devons-nous considérer l'accès aux TIC comme un besoin de base à satisfaire ? Si oui, comment réaliser concrètement cette accessibilité ?

La question d'un fond international de solidarité numérique a été posée. Mais un fonds d'aide internationale géré par les Nations Unies est-il une réponse adéquate à l'ampleur de la fracture numérique mondiale ?

Références bibliographiques

ARCHIVES NATIONALES DU MALI, 1.J.0 2068 : Considérations sur les conditions d'utilisation du réseau télégraphique de la colonie du Soudan français au cours de l'année 1935.

AG LITNY, I. (1962), *Systèmes éducatifs et société touarègue. Les Kel-Adagh du nord du Mali.* – EHESS, Paris.

AG RHISSA, A. & A. MARTY (1999), *La région de Kidal : Présentation générale*, doc polygr.

AG RHISSA, Y. (2009), *La mobilité et téléphonie portable en milieu Tamashaq du Mali : l'espace social des ex-rebelles chez les Kel Adagh.* – Mémoire de Maîtrise en anthropologie, Université de Bamako : FLASH.

AMSELLE, J.-L. (1990), *Logiques métisses. Anthropologie de l'identité en Afrique et ailleurs*. Paris : Payot.

ANNUAIRE STATISTIQUE DU DISTRICT DE BAMAKO (2007), Direction Régionale de la Planification de la Statistique, de l'Informatique, de l'Aménagement du territoire et de la Population du District de Bamako (DRPSIAP).

BA, A.H.(2007), *Amkoulel: l'enfant Peul.* Paris: J'ai lu (2e édition).

BARON, L. (2006), « De l'îlot à Bamako» en collaboration avec l'association GNTM. In : *Etude des TIC au Mali*, Forum Social Mondial 2006.

BOUJU, J. (2005), « Violence sociale, anomie et discordance normative : la trajectoire migrante, le cas des « 52 » de la région de Djenné (Mali) ». In : Jacky Bouju & Mirjam de Bruijn, éds. *Violences et exclusions. Le développement social de l'Afrique en question. Bulletin de l'APAD*, n° 27-28, pp. 31-56.

BOURGEOT, A. (1990), « Identité touarègue : de l'aristocratie à la révolution ». In : *Etudes Rurales*, n°120, oct.-déc.: 129-162.

BOURGEOT, A. (1990), « Identité touarègue : de l'aristocratie à la révolution ». In : *Etudes Rurales*, n° 120, oct.-dec.: 129-162.

BREDRELOUP, S. & O. PLIEZ, (2005), *Migrations entre les deux rives du Sahara*. Editorial. Revue *Autrepart*, Armand Colin – IRD, n°36.

BRIDGE, B. (2002), « Le régime des castes et leur dynamique au Mali ». In : *Recherches Africaines*, N° 00.

DE BRUIJN, M. & L. PELCKMANS " Facing dilemmas: Former Fulbe slaves in modern Mali ". In: *Canadian Journal of African Studies* 39 (1) : 69-96.

DE BRUIJN, M. & H. VAN DIJK (1994), "Drought and strategies in Fulɓe society in the Haire (Central Mali): A historical perspective. In: *Cahiers d'Etudes Africaines*, XXXIV (1-3), 133-135, 85-108.

DE BRUIJN, M. & I. BRINKMAN (2008), *Nil Connection, effects and meaning of the mobile phone in a (post) war economy in Karima, Khartoum and Juba, Sudan*, Leiden, the Netherlands.

CADASSE, DAVID (2002), « Les télécoms maliens s'ouvrent à la concurrence ». In : www.afrik.com/article4824.html du 09/août/ 2002

CHENEAU-LOQUAY, A. (2001), « Les territoires de la téléphonie mobile en Afrique ». In : *NETCOM*, vol. 15, n° 1-2, Sept. 2001.

CHENEAU-LOQUAY, A. (2004), « Comment les NTIC sont-elles compatibles avec l'économie informelle en Afrique ? ». In : *Annuaire de Relations Internationales*, Paris : La Documentation française et Bruylant.

CISSE, Y. T. (1973), « Signes graphiques, représentations, concepts et tests relatifs à la personne chez les Bambara-Malinké du Mali ». In : *La notion de personne en Afrique noire*, Paris, CNRS.

COULOUBALY, P. (1998). « L'utilisation des TIC dans les élections générales de 1997 au Mali : promesses et dangers pour la démocratie »,

DIA, F. « L'enseignement dans les pays du Sud : l'exemple du Mali ». In : http://www.malem-auder.org/spiip.php?article 77

DIABATE, F. (2008), « La réparation des téléphones portables : un créneau maîtrisé à Sikasso ». In : *Mali ntic.mht.* du 09/12/2008.

DIALLO, A.O.(2009) « Cabines téléphoniques : Espèces en voie de disparition ».In : *Mali NTIC.com* du 27/08/2009.

DIBAKANA, J.A. (2008), *Figures contemporaines du changement social en Afrique*. Paris : L'Harmattan.

DO-NASCIMENTO, J. (2005), « Le développement du téléphone portable en Afrique ». In: *Les telecommunications, entre bien public et marchandise.* Djibali Benamrane, Bruno Jaffré et Francois-Xavier Verschave (dir.), Paris : Ed. Charles Leopold Mayer.

DULAU, C. (2001) *Systèmes de communications, acteurs et réseaux du grand commerce à Kayes au Mali.* – Mémoire de Maîtrise : Géographie : Université de Pau et des Pays de l'Adour : DER Géographie : 2000-2001.

ERICKSON, H.E.(1972), *Adolescence et crise. La quête de l'identité.* Paris : Flammarion (« Champs »).

FARGEOT, C. (2003), *La chasse et le commerce de la venaison en Afrique centrale* – Mémoire de Recherche : Université de Toulouse le Mirail/École Nationale Supérieure Agronomique de Toulouse.

FAY, C. (1996), « Car nous ne faisons qu'un : Identités, homologies et équivalences au Maasina ». In : *Cahiers des Sciences Humaines*, 31 (2), pp. 427-456.

GAGLIO, G. (2003), *De la pertinence des usages remontants dans le marché de la téléphonie.* CERSO – Université Paris IV Dauphine, juillet 2003.

GODELIER, M.(1984), *L'idéel et le matériel.* Paris : Fayard.

KEÏTA, N. (dir.) (2012), *L'esclavage au Mali.* Paris : l'Harmattan.

KEÏTA, N. (2013), "Grandeur et misères des cabines téléphoniques privées et publiques au Mali », In : *Side@Ways : Mobile margins and the dynamics of communication in Africa.* De Bruijn, M., I. Brinkman & F. Nyamnjoh, eds, 129-158

KIBORA, L. (2009), « Téléphone mobile : L'appropriation du SMS par une « société d'oralité ». In : De Bruijn, M., F. Nyamnjoh & I. Brinkman, ed., *Mobile phones : The new talking of everyday Africa*, Bamenda/Leiden : Langaa & African Studies Centre, 110-124.

KONATE, A. (2010), « Grèves des grossistes et demi-grossistes de cartes de recharge : quel impact ? ». In : *Nouvel Horizon.*

KONATE, R. (2011), *Trame conjugale à l'épreuve de la téléphonie mobile : l'analyse de la vie de quelques couples à Bamako.* – Mémoire de Maîtrise : Sociologie. Université de Bamako : FLASH.

LA DECLARATION DE LA POLITIQUE SECTORIELLE DES TELECOMMUNICATIONS (2000), Le 27 juillet et amendée le 28 juin 2000 qui définit les orientations, les enjeux et les bénéfices attendus de la reformes. In : *Politique nationale et plan stratégique des Technologies de l'Information et de la Communication*, pp. 9-16.

LAINE, A. (1999*), Réseau de communication et réseaux de commerçants en Afrique de l'Ouest : premiers éléments sur l'accès et les usages des NTIC dans le domaine du commerce en Guinée et au Sénégal.* Mémoire de DEA : Université de Bordeaux IV : IEP - CEAN.

LATOUCHE, S. (1998), *L'autre Afrique. Entre don et marché.* Paris : Albin Michel.

MAGASSA, S. (2009), *Mobilité sociale et marché de la téléphonie mobile dans le district de Bamako.* Mémoire de Maîtrise : Anthropologie : Université de Bamako : FLASH.

Mele, A. & Y. Sangaré (2006), « Les télécoms et le service public au Mali ». In :
www.csdptt.org/article419.html

MELE, A. (2004), *Pour une analyse critique de la déréglementation du secteur des télécommunications au Mali.* – Université de Toulouse 1 : Institut d'Etudes Politiques : DESS : Rapport de Stage/CSDPTT, 39 op.

MELE, A. (2004), *Évolution institutionnelle du secteur des télécommunications au Mali*, DESS en Géopolitique et Relations Internationales (rapport de stage - extraits), décembre 2004

MELE, A. & Y. SANGARE (2006), « Les télécoms et le service public au Mali ». In :

www.csdptt.org/article419.html

MINISTERE DE L'ECONOMIE, DE L'INDUSTRIE ET DU COMMERCE (2007, 2008), *Rapport* sur la situation économique et sociale du Mali en 2007 et les perspectives pour 2008: 34.

NKWI, W. (2009), "From the elitist to the commonality of voice communication: The history of the telephone in Buea, Cameroon ". In: De Bruijn, M., F. Nyamnjoh & I. Brinkman, *Mobile phones : The new talking of everyday Africa*, Langaa & African Studies Centre: 50-68.

NYAMIEN, G. (2001-2002), *Téléphone mobile, modes d'appropriation et structuration de l'espace urbain : exemple de la ville d'Abidjan.* – Mémoire de DEA : Géographie : université de Michel Montaigne Bordeaux III UMR REGARDS-CNRS 2001-2002.

OLIVIER DE SARDAN, J.-P. (1995), *Anthropologie et développement : Essai en socio-anthropologie du changement social.* Paris : Karthala.

VON PAP, T. (2007), « Diffusion et appropriation du téléphone portable par les adolescents. Evolution des usages et enjeux sociaux ». In : *Proceedings of the 4e Doctoriales du GDR TIC et Société,* Marne-la-Vallée.

REY, H. (1994), « Secteur informel et marché. Le cas de la filière halieutique dans le Delta central du Niger ». In : *Cahiers des Sciences Humaines*, n°30 (1-2), 289-301.

SAGARA, S. (2007-2008), *Migration et esprit d'autonomie des jeunes Dogons : exemples des fendeurs de bois en commune I du district de Bamako.* Mémoire de Maîtrise : Anthropologie Visuelle: Université de Bamako. FLASH.

SALL, K.F. (2004-2005), *L'impact socioéconomique des NTIC sur la population urbaine : cas de la téléphonie mobile dans la commune II du district de Bamako.* Mémoire de Maîtrise : Sociologie, Flash Bamako.

SANGARE, B. (2009*), Peuls et mobilité dans le cercle de Douentza : l'espace social et la téléphonie mobile en question.* Mémoire de Maîtrise : Anthropologie : Université de Bamako : FLASH.

SOROKIN, P. (1927), *Social mobility*. New York : Harper and Brothers.

SOW, P. & ALISOUTIN, R.L. (2010), « *TIC et Co développement entre la Catalogne et le Sénégal* ». In : M. Fernandez-Ardévol & A. RosHijar, ed., *Publication Barcelona Conference Communication Technologies in Latin America and Africa : A multidisplinary perspective.* (disponible également sur le net : http://in3.uoc.edu/web/N3/Communo-technologies in -Latin america and-africa/

TAWATY, M. (2005*), La communication comparée entre Malitel et Orange Mali*. HETEC : Rapport de stage.

TCHENG, H.; J.-M. HUET & M. KOMDHANE (2010), « Les enjeux financiers de l'explosion des télécoms en Afrique subsaharienne ». In : *Ifri, Programme Afrique Subsaharienne*. Paris/ Bruxelles.

TOURE, A. (1985), *Les petits métiers à Abidjan : l'Imagination au secours de la conjoncture*. Paris : Karthala.

TRAORE, Mh. (2009), « Petits métiers : cartes et puces nourrissent beaucoup de monde ». In : *L'Essor*.

TRAORE, Mh. (2010), « Téléphonie mobile : les revendeurs de cartes Orange-Mali en grève 72heures depuis hier ». In : *L'indépendant* du 05/01/2010. http://fr.wikipedia.org/wiki/France_Telecom_Marine

RAPPORT UIT (2004), *Tendances des réformes dans les télécommunications (2003-2004) : L'octroi des licences à l'heure de la convergence*, Genève, 2004 : 12 & 14.

RAPPORT UIT (1995), *Evolution institutionnelle du secteur des télécommunications au Mali*, Genève.

www.mobileafricarevisited.com

www.ingramcontent.com/pod-product-compliance
Lightning Source LLC
Chambersburg PA
CBHW080044280326
41935CB00014B/1775